家庭教育指导师培训课

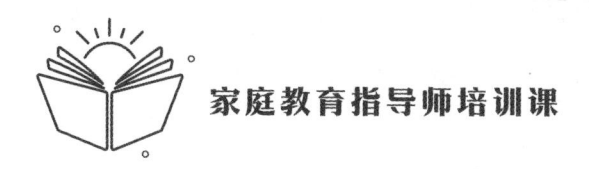

从好家庭到好教育

汇智云亭教育研究院 编著

中国纺织出版社有限公司

图书在版编目（CIP）数据

家庭教育指导师培训课.从好家庭到好教育／汇智云亭教育研究院编著.--北京：中国纺织出版社有限公司，2022.6

ISBN 978-7-5180-9497-4

Ⅰ.①家… Ⅱ.①汇… Ⅲ.①家庭教育 Ⅳ.①G78

中国版本图书馆CIP数据核字（2022）第065448号

责任编辑：李凤琴　　责任校对：寇晨晨　　责任印制：储志伟

中国纺织出版社有限公司出版发行
地址：北京市朝阳区百子湾东里 A407 号楼　邮政编码：100124
销售电话：010—67004422　传真：010—87155801
http://www.c-textilep.com
中国纺织出版社天猫旗舰店
官方微博 http://weibo.com/2119887771
北京通天印刷有限责任公司印刷　各地新华书店经销
2022年6月第1版第1次印刷
开本：710×1000　1/16　印张：13.5
字数：180千字　定价：49.80元

凡购本书，如有缺页、倒页、脱页，由本社图书营销中心调换

序

从好家庭到好的家庭教育

《中华人民共和国家庭教育促进法》的颁布实施，让家庭教育进入到了"依法施教"的时代。我们希望从这个"时代"开始，孩子们都能在良好的家庭情境中成为最好的自己。

而这个愿望的实现，首先要回答的问题就是——家庭教育到底如何做？

日本教育家中室牧子在《学力经济学》一书中提到——

不可思议的是，一旦提到与教育相关问题，就算是对教育一无所知的人也会提出自己的意见和看法。

读了这句话，当我们再去回答"家庭教育到底如何做"这个问题的时候，就多了一分谨慎，甚至是敬畏。所以，我们编写的这本书，不是随便邀约几个知名教育人士凑成一本书来扣这个时代的脉搏，而是在先有一个完整提纲，经过征询诸多教育专家和诸多不同年龄阶段孩子的父母之后，才形成了一个完整的系统。系统出炉之后，能否有"好的效果"，是更重要的问题。所谓好的效果，我们认为有三个特征：

（1）普通家长能读懂。家庭教育是每个家庭的需要，是每个为人父母者的迫切需求。如果一本书过于"专业"，或者说专业术语太多而导致一般人看不懂，或者看后叹息一声说"惭愧，能力不够"，这都不利于家庭教育的推广。对整个家庭教育来说，"效果"肯定是微弱的。

（2）切中教育环境这个要点。如果家庭教育的根本不能够解决，而是将某种现象或者某个方面的培养单独拎出来，就有些头痛医头脚痛医脚了。这种现象比较多，很多看似巧妙的教育方法，放在自己家庭和自己孩子身上就不管用，原因就是脱离了教育情境本身。杜威先生说："他们什么环境下活动，就在什么环境下思考和感受，我们从来都不会直接施教，而是通过环境间接施教。"从这个角度说，教育环境的构建，比如何教育更重要。所以，切中了要点的家庭教育，应该是指向家庭教育环境构建的教育。这是"好效果"的最大保证。

（3）有了良好的实践效果。如果没有实践做基础，而是靠习得的一些理论来纸上谈兵，这是有些不负责任的。所以，实践这个基础，绝对不能丢。

基于上述三个特征的思考，编写这本书时我们就有了明确方向。

首先，我们要求所有的写作者必须用最通俗的语言和读者进行交流。在交流态度上，让读者感觉到是和写作者进行面对面的交谈，而不是一个高高在上带着仰视的目光；在语言使用上，专业术语要转化成口头语，把艰涩的理论转化为案例或故事来讲述。这样就确保读者，哪怕没有教育学、心理学的基础也能轻松接受。

其次，切中教育环境这个要点，然后再谈教育的关键问题。"家庭教育"四个字，"家庭"才是核心。家庭关系的状态就是家庭教育的情境生态，这是家庭教育最核心所在。如果家庭教育情境出了问题，再好的教育方法都成了无本之木，也注定不会有好的教育效果。所以本书的上编，我们定位为"家庭关系是家庭教育的核心"。着重从家庭的长幼关系、夫妻关系、亲子关系、隔代关系等进行分析交流，更是在多子背景下家庭关系的构建上花了很多笔墨，因为二胎三胎的出现所引发的家庭教育问题愈加凸显。另外一个比较突出的重点是构建良好的家庭成员之间的动力系统，这是家庭生态里最为理想的生态：一家人相互欣赏、相互成全、相互激励、相互成就……当然，更是相互爱，暖暖的、融融的。

本编另一个重点是"父爱护航"。家庭教育中的父亲缺失，是很多原因造成的。如果父爱不缺席，一定能取得更好的教育效果，甚至有教育专家说"孩子的成长，智商主要遗传于母亲，而大成就的取得往往与父亲有更大关系"。所以，我们是花了很多文字在这部分内容的。希望我们做父亲的，能够因此有所感悟并能好好实践。

基于构建好良好的家庭教育情境这个前提，"下编"（高品家庭教育的十大关键）才显得有根有据，顺理成章。也就是我们所说的，有了优秀的家庭才会有优秀的家庭教育。

《中华人民共和国家庭教育促进法》第十六条，对家庭教育的内容有方向性的指引。在6条"指引"中，前3条都指向了"品德教育"。可见家庭教育中品德教育之重要，更不用说自古以来就有"成才先成人"之说。现实也是，如果孩子品行出问题，几乎会熄灭一个家庭的全部希望。所以，首先我们介绍了如何在家庭中实施道德教育的问题。

十大关键中还有一个关键就是"教育节奏"的把握。这是很多家庭教育者不大重视的，也是导致很多本来很有天赋的孩子终为悲剧的原因之一。节奏，其实就是尊重规律的教育科学。再好的教育，都必须在符合规律的前提下进行。另一个与之相配的是"过程把控"，也就是强调教育过程的把握，而不是简单地用结果来衡量。很多领域可以用结果说话，但在家庭教育领域里一定是过程说话：如果过程出了问题，结果肯定不会好；如果只要结果的指向，不抓过程，肯定不会有好结果。正如一个家长如果对孩子说"你期末考试给老娘考的班级前五名奖励什么什么"而不去关注孩子的学习过程，这个"奖励"肯定发不出去；如果对孩子可以触摸的每一个当下进行奖励，结果一定会很好。至于学力培养、内在驱动、情商培养、逆商培养、同伴关系构建等，别的书籍也会谈到，无须赘言。

最后，这本书的内容是经过实践检验的。在正式推出这本书和与本书相配套的家庭培育指导师课程之前，我们在四川、广东、山东、江苏等地的项目单位进行了实践，且实践效果较好，我们才决定编辑成册，并和权威机构合作推出了家庭教育指导师培训课程。

这本书不仅仅是成为好家长的阅读本，还是家庭教育指导师的培训教材之一。

谨此为序！

汇智云亭教育研究院

2022年3月

目录

上编　家庭关系是家庭教育的核心

开篇引言　家庭教育的"灵魂三问"　/002

第一讲　家庭教育的核心在于良好的家庭环境　/010

第二讲　构建家庭成员之间的动力系统　/018

第三讲　多子家庭良好关系的构建　/025

  第一节　构建和谐家庭关系的三大法则　/025

  第二节　让"不平衡"带来"兄友弟恭"　/030

  第三节　如何让"问题孩子"不再出现　/038

第四讲　"严慈相济"远非那么简单　/045

第五讲　爸爸的有效沟通影响孩子的未来　/052

  第一节　智慧爸爸的聊天魔法　/052

  第二节　理想爸爸应具有的特征　/060

  第三节　父子沟通的"三大法宝"　/065

  第四节　父子沟通的言语策略　/070

下编　家庭教育的十大关键教育点

第六讲　如何对孩子进行品德教育　/080

第七讲　做好孩子一生的习惯培养　/ 086

第八讲　把握好教育节奏比教什么更重要　/ 093

第九讲　以科学方式点燃孩子的内驱力　/ 101
　　　　第一节　影响孩子内驱力的卡点是什么　/ 101
　　　　第二节　点燃孩子内驱力的具体方法　/ 106

第十讲　如何提升孩子的学习能力　/ 114
　　　　第一节　懂学习力，是提升学习力的前提　/ 114
　　　　第二节　提升学习力的具体策略及评价系统　/ 120

第十一讲　过程把控比目标激励更重要　/ 130

第十二讲　如何培养高情商的孩子　/ 137

第十三讲　逆商，让孩子的未来更美好　/ 149
　　　　第一节　寻找培养高逆商的宝藏　/ 149
　　　　第二节　把握逆商教育的四个核心主题　/ 156

第十四讲　为孩子的成长构建良好的同伴关系　/ 162

第十五讲　三种视角让家校共育结硕果　/ 170
　　　　第一节　基于观察视角的家校共育　/ 170
　　　　第二节　基于工具视角的家校共育　/ 177
　　　　第三节　基于共情视角的家校共育　/ 184

附　学后测评参考答案　/ 192

后记　/ 205

上 编

家庭关系是家庭教育的核心

"家庭教育"四个字，其核心根本不在于如何"教育"孩子，而在于"家庭"关系的构建。家庭关系好了，孩子的归属感和价值感都能够得到很好的满足，孩子就会身心健康，就会"根正苗红"，就会有积极向上的动力。

开篇引言

家庭教育的"灵魂三问"

韩文静，国家二级心理咨询师、山东省家庭教育名师、山东省互联网+教师专业发展工程项目主持人、山东省家庭教育宣讲团专家。

蔡元培先生说："家庭者，人生最初之学校也。"而家庭教育的核心是家长自身的完善。那么家长如何才能更好地完善自身呢？

这里，我们看个小调查：

这份"父母成绩单"上共有10道题，优秀为A+，合格为A，不合格为B。让孩子在每道题做出选择后，可以看到父母在孩子心中是否合格。

1.父母彼此间和睦相处，互敬互爱，从不在我面前使用不文明语言或无休止的争吵。

2.父母能为我创造良好的学习环境，不以电视、电脑或大声说话来影响我的学习。

3.父母能积极学习，不断进取，能做我的"智多星"，能提高对我的教育能力。

4.父母能认真听取我的学习情况汇报，为我推荐一些有益的学习资料和课外阅读书刊。

5.父母能经常与我沟通，耐心地倾听我的诉说，从不态度恶劣地打断我。

6.父母能关心我的身心健康、膳食平衡、视力保护和生理健康，带领我积极锻炼身体。

7.父母每月都给我零花钱,但会指导我合理使用,让我学会勤俭节约。

8.父母从不溺爱我,每天都耐心指导我做力所能及的家务,培养我的独立能力。

9.父母能正确对待我的不良生活习惯,不是强行制止,而是和我讲道理,帮助我改正。

10.父母能主动与老师保持联系,一起帮助我在成长的道路上越走越好。

灵魂一问:看看孩子给您打的成绩单,为人父母,您合格吗?

如果这一问,触动了您的灵魂。那么我们就有必要看下面的一份调查报告了。

这是2018年9月27日《中国教育报》特别报道《全国家庭教育状况调查报告(2018)》——父母好不好,孩子说了算。一图看懂孩子心声:

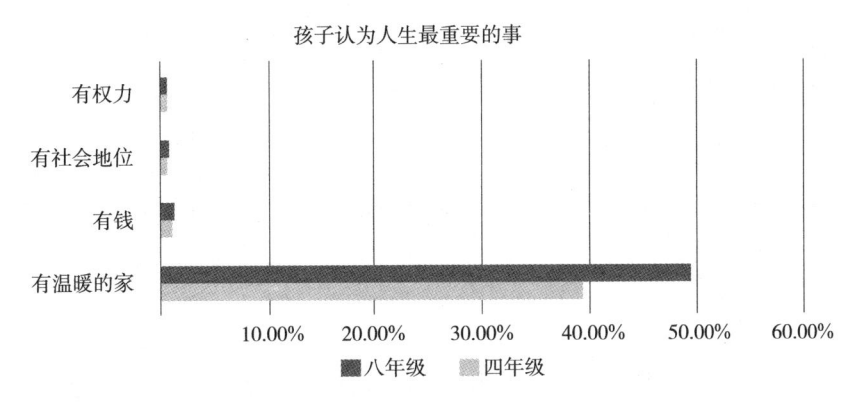

孩子认为人生最重要的事

	八年级	四年级
有权力		
有社会地位		
有钱		
有温暖的家	约50%	约40%

通过数据我们一起来看一下,孩子们内心的渴望是什么?

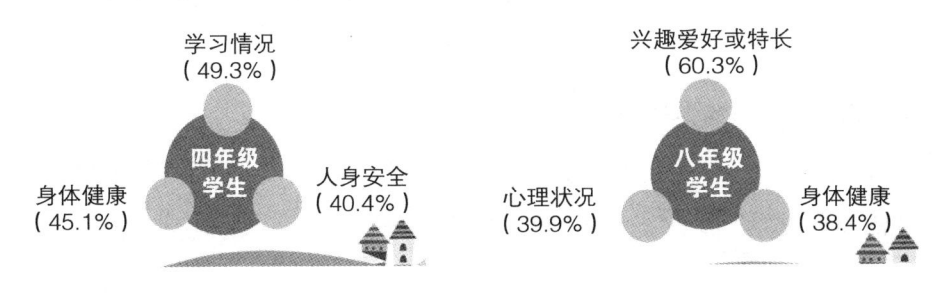

四年级学生
- 学习情况(49.3%)
- 身体健康(45.1%)
- 人身安全(40.4%)

八年级学生
- 兴趣爱好或特长(60.3%)
- 心理状况(39.9%)
- 身体健康(38.4%)

从统计数据来看，随着孩子不断成长，到了初中阶段，孩子渴望的是家长关心自己的特长爱好、心理状况和身体健康。

调查结果表明：家庭教育存在父母在一定程度上忽视孩子实际需求的情况，家长最关注的方面与学生希望家长关注的方面往往存在着错位。

教育孩子首先要了解孩子，了解他的内心需求，这样孩子才能信任父母，才能感受到父母的爱，而不应让家庭教育成为束缚孩子成长的压力！

例如孩子考试没考好。如果他生活在一个很在意分数的家庭，那么他通常会想尽办法来隐瞒考试成绩，或者寻找各种理由为自己开脱。其目的是不让父母失望，他希望在父母眼里，他是一个优秀的孩子（寻求价值感）。然而，在一些有暴力倾向（语言/行为暴力）的家庭，孩子隐瞒成绩更多的是为了自我保护，避免受到伤害。但是，在一个不过分关注分数的家庭，父母能够包容和接纳孩子的不完美，孩子就会很坦然地把试卷带回家。父母会帮着孩子一起分析考试失利的原因，并鼓励他面对学习上的挑战。

美国知名家庭教育学家简·尼尔森指出，一个行为不当的孩子在试图告诉我们：我感受不到归属或自我价值。

明白这一点，是大人理解孩子并帮助孩子的关键一步。当一个孩子行为不当时，请把它看成一个密码，然后问自己："他真正想要告诉我的是什么？"

孩子的想法及行为方式与成长环境密切相关。孩子会以他认为正确的互动方式与他人相处。而孩子的某些所谓不良行为，有时只是他们的"求存模式"，只是想获得归属感和价值感而已。

灵魂二问：家长给孩子的，是孩子需要的吗？

孩子健康、快乐成长是家长们共同的期待，那么如何能实现这一点？就需要家长从"养心"入手，用心理营养补足孩子内心的匮乏，抚去不安与焦虑，让内心归于平静。

马来西亚林文采老师曾将孩子需要的心理营养称为"五大心理营养"。每个成长阶段的孩子都希望从父母那里获得孩子最渴求的营养。如果这些年龄阶段做好，那孩子的"五朵金花"——爱的能力、独立自主的能力、社会交往的能力、自我价值感和安全感就会绽放。下文就5个年龄阶段孩子最渴求的营养做一个介绍。

1.无条件接纳（0～3个月）

这一阶段，孩子虽然还不会说话，但他已经能感知这个世界了。这时，他需要父母无条件地接纳他，让他感受到信任、包容，从而打开自己的内心。任何一个孩子，不论大小，不论是在家里还是在学校，只要是在有人的环境里，都有感知是否被无条件接纳的能力。

真实案例1：

小宇，10岁，沉默寡言的男生。在班里，总爱一个人待在角落里，沉浸在自己的世界里，偶尔还会露出诡异的微笑。与家长沟通交流后得知，父母对孩子很严厉，经常指责他，造成孩子内心很恐惧，表现出来的就是不讲卫生、做事邋遢等各种不好的习惯。

在心理治疗阶段，班主任从来没有把他和其他同学区别对待，没有针对他不讲卫生的行为当面指责或表现出反感，而是努力创造增加与他接触的机会，让他知道，不管他是什么样子，都是值得老师关心、爱护的学生。

经过一段时间的努力，慢慢地，不爱说话的小宇竟然在放学时对班主任说"老师再见"，也会主动找班主任聊一聊家里发生的事情……在心理老师的帮助下，小宇与家人进行了深入交流。被家人、学校无条件接纳的小宇，变得越来越开朗、自信，不再封闭自己，开始在意别人对他的看法，偶尔还会主动与妹妹一起玩耍，吃饭的时候偶尔还会给妹妹喂饭……

2.我心中你最重（至少此时此刻）（0~3个月）

孩子的身体成长发育需要吸收足够的营养。同理内心成长也需要营养。孩子需要意识到"在你生命中，我是最重的"，这样才能有积极、向上、健康的心理状态。

真实案例2：

小牛，12岁，热情勇敢的男生。从小在东北长大，父母做生意，随父母到当地上学。因为父母生意忙，照顾不上，小牛下午放学时总是很晚才被接走，作业无人辅导。成绩不好时，还会被爸爸打骂。受家庭影响，小牛认识有偏差，作业完不成也不觉得有错，上课时还会起哄影响课堂纪律。

通过多次与小牛谈心发现这个不被重视的孩子，硕壮身体里面藏着脆弱、自卑的内心。他内心特别渴望被父母关爱，希望父母陪着自己看书、打球，但是父母总是匆匆忙忙的，相处时间很少，有时还会为了一点小事冲他发脾气，甚至动手，让他很沮丧。

在心理老师的帮助下，小牛认识到自己在父母心中是最重要的，父子关系也明显变好，小牛也变得阳光了。

3.安全感（4个月~3岁）

孩子本来是跟妈妈相连在一起的，刚出生时，经历的是身体上的分离，从4个月起，他开始经历在心理上与妈妈、爸爸"剪断脐带"的过程。孩子想要分离，想要成为一个独立的人，却又不能真正做到，因此他很挣扎，而此时孩子最需要的心理营养就是获得安全感。

安全感可以让孩子相信自己，相信自己可以从遇到的各种困难、问题中走出来。没有得到安全感，孩子就会充满不安和恐惧，就会害怕分离，无法独立。

真实案例3：

小晴是个女生，刚上一年级时，有段时间早上一到学校门口就会哭着不进学校。即使进了学校，中午午休时，也会抱着一个比较旧的小毯子，平时还爱咬指甲。经过一段时间，老师们发现，妈妈来送时就会哭着不进学校，其他人来送时情绪没有那么强烈。通过与家长交流了解到，孩子在出生3个月时，为了保住工作，妈妈就去上班了。因为是做销售类的工作，有时还会出差，当时觉得家里有老人看孩子，也没有想这么多。送幼儿园时孩子也经常哭，这些习惯一直有，没想到现在越来越严重，有时候就是僵持在校门口不让妈妈走。

当3个月的孩子哭闹的时候，老人有种固有的观念：小孩子哭哭长得快；或者正在忙，一般不会及时与孩子互动。在这样的成长环境里，孩子内心缺乏安全感，会通过哭闹来表达自己的情绪。同时，由于妈妈工作压力大，即使和孩子在一起时经常也是比较急躁的状态，造成家庭氛围的压抑……导致孩子在任何地方都感觉没有安全感，总感觉妈妈不喜欢自己，会离开自己，那个小毯子是妈妈给她喂奶时盖着的，她从心里莫名地喜欢，每次睡觉都会抱着。小时候这种不安的情绪已经成为一种潜意识，对于小晴来说她是不安的、痛苦的，她需要妈妈的理解、爱抚、陪伴，可是大人还在责怪她不懂事。

经过与小晴妈妈的沟通和指导，她已经慢慢改变了自己的做法，从多一点有效的陪伴开始，然后在语言、行为上进行了调整，有时候为了控制情绪，会把说话的语速降慢，尽可能地让孩子感受不到压抑和紧张，妈妈的情绪和态度缓和之后，小晴的眼睛也有了光彩，虽然还是抱着小毯子睡觉，但是上学时没有那么抵触了，咬指甲的情况也少了。

安全感的建立，也是从情感的连接开始的，这个"情感"是孩子最直接感受的源泉，一个温柔的眼神、一句暖暖的话语、一小会儿认真的陪伴都会让孩子感受到父母的爱。

4.肯定、认同、赞美（4~5岁）

四五岁的孩子已经有了"我"的意识，他非常需要的心理营养是肯定、赞美、认同。

真实案例4：

小辰是个比较胖的女生，从别的学校转过来到四年级。可能过往的时间里，因为体重过于重，经常被身边的小伙伴嘲笑。转到新学校后，面对一个新的环境，她也很羞涩，不爱说话。细心的老师发现这个情况后，一方面通过与家长详细沟通了解了孩子的学习和生活情况以及爱好，另一方面和任课老师达成一致，在课上对她的表现多关注多肯定。

有一次小辰主动去帮老师抬午餐，虽然是四楼，但是她仍然坚持提着饭一口气走上来，后来还和老师说，她想再去帮别的同学抬其他的东西，老师接着肯定她说，你真是老师的好帮手！英语课上读单词，虽然她读得慢，但是通过与上一节课的比较，老师肯定了她的努力：比上一次读得更好、更准确了，而且语音语调非常标准，继续加油！渐渐地，小辰也会帮同学做值日、擦黑板……在主题班会上，老师也及时对她的行为进行了表扬，小辰慢慢地发现，老师和同学们是真心喜欢她，没有因为她胖用另样的眼光看她，同学们也从来没有开她的玩笑，所以小辰也愿意和同学们交流了，课下也会和大家一起讨论、做游戏。

5.学习、认知、模范（6~7岁）

这个时期，孩子需要一个人来做他的模范。孩子需要向模范学习，如何管理他的情绪，如何处理他生活中的问题。如果孩子和父母建立了好的关系，那就意味着孩子会以父母为导向，把父母作为自己的榜样，引导做更好的自己。父母和老师都应给孩子做好榜样，满足他的求知欲并规范他的行为习惯。

真实案例5：

小亮，二年级，男生。不遵守课堂纪律，老师一批评，他就跑出教室，围着操场转，有时还会爬到操场的高梯上。在家里发脾气时，会撞墙，撕东西，大喊大叫，情绪很容易失控。

进一步了解家庭状况，爸爸长期在外地工作，主要由妈妈一个人带他，妈妈脾气比较暴躁，加之小亮时常生病，妈妈很焦躁，影响了孩子的情绪管理。

心理咨询老师引导妈妈首先要控制自己的情绪，然后让妈妈学着接受孩子当下的情绪，并让孩子学会管理自己的情绪。增加妈妈和孩子的互动，只有妈妈情绪稳定才能带动孩子情绪稳定。

一段时间之后，小亮坏情绪越来越少，课堂表现也越来越好。

以上五大心理营养，假如孩子在各个年龄阶段能获得相应的营养，这是最好的。如果没有从一开始就给孩子，也不存在晚不晚的问题，只要意识到了，任何时候开始都可以。如果缺失太多，一定要与孩子重建关系。

灵魂三问：如何为孩子的心理搭配营养？

在实施家庭教育指导和心理咨询工作中，我总是会用这"灵魂三问"来问自己和启迪别人。这里，我也拿来"问"各位学员朋友。希望我的追问能引起您更深入的思考。

而答案，就在本书的每一个章节里。

您去寻找吧！

第一讲　家庭教育的核心在于良好的家庭环境

韦忠军，国家二级心理咨询师，博远心理联合创始人，广西未成年人心理健康中心讲师。

这一讲与大家分享"家庭教育的核心在于良好的家庭环境"。

有位女士在媒体上描述了自己当前的困扰——

一是正上高二的儿子被诊断为焦虑症、抑郁症，人际交往障碍，不愿意接受治疗和心理咨询。上学也是三天打鱼两天晒网，状态越来越不好，不想回学校住，说在学校也学不下去，独来独往，所有的时间都和手机为伴。二是自己的老公酗酒，每天睡到中午，起床后就喝酒一直到烂醉如泥，很多次在外面喝醉了回到家门口醉倒在门前就睡到天亮。

这位女士很后悔，悔当初不听父母的阻止一意孤行和这个男人结了婚，这个男人原生家庭就有问题：父亲酗酒，母亲轻浮。现在自尝恶果，男人脾气暴躁，又酗酒，没有责任感等。她很迷茫，不知道怎么办，给孩子休学？退学？又觉得孩子的人生才刚刚开始，这样会更看不到人生的希望，很是矛盾，养了十几年的孩子就落得这样一个结果，好心痛。

这个案例不是孤案，在我们的现实生活中还有很多类似的家庭。当看到孩子的这种状态时，我们很心疼。我们从动力学的角度来看，孩子就是一个"替罪羊"，孩子是来"拯救"父母来了。

这位女士结婚时没有得到父母的祝福，由于"梁祝效应"她义无反顾地嫁给了自己当时认定的好男人。有一种可能性，在未出嫁前，实际上她潜意识里是忠诚于自己的父母的，因此会被父母的看法所"催眠"和"暗示"，父母对自己丈夫的挑剔最终变成了她对老公的挑剔与不满。

一个女孩不顾父母反对死心塌地嫁给一个男人，我们可以想象，他们之间肯定曾经有过刻骨铭心的爱情，只是这个爱情在她强大的潜意识面前随着时间的流逝变成了对老公的挑剔、指责、轻视，于是再强大的男人也会退缩、逃离，不愿意回家，所以才会"三醉门前而不入"。

大家可以看到，这个孩子的行为和父母的关系紧密相连。父母关系越是恶劣，孩子的病情越严重。孩子还意识到，只要自己不在家，父母就会发生冲突。这样在孩子的潜意识里，只有待在家里守着父母，才可以阻止"战争"。所以，他不敢去学校，从而出现了抑郁和焦虑等问题。

当然，这是个例，我们也不希望这成为一种现象。但是，这个案例很好地启发我们，家庭教育的核心之一在于家庭环境的塑造。如果家庭环境出了问题，大概率孩子会出问题。所以，为人父母，我们得懂得去经营家庭，用经营的心态打造好的家庭教育情境。

所以，我们有必要追本溯源，首先明白什么是家庭教育。

一、什么是家庭教育

过去我们认为家庭教育是在家庭生活中由家长（首先是父母）对其子女实施的教育，即家长有意识地通过自己的言传身教（父母的行为成为孩子的模板）和家庭生活实践（孩子观察、参与、模仿以获得新的能力），对子女施以一定教育影响的社会活动，强调的是父母对子女的单方面教育。现在我们对家庭教育有了新的看法，认为家庭教育是生活中家庭成员（包括父母和子女等）之间相互的影响和教育，强调的是家庭成员之间的互动，孩子不是被动教育的一方。

这种家庭成员之间的互动，就构成了一个家庭系统。人是在系统中生活，系统的好坏，就是家庭的好坏，自然直接影响着家庭教育的好坏。家庭系统包括了夫妻亚系统、父母亚系统、亲子亚系统、同胞亚系统，相对应的就是家庭环境是由夫妻关系、老幼关系、亲子关系、兄弟姐妹关系组成的，这些关系的交互影响造就了一个家庭的环境。

根据大教育家杜威的观点，教育其实就是环境起作用下人的变化。同样，家庭教育其实就是家庭系统所造就的以家庭环境为背景的孩子的变化。所以，家庭教育的核心不在于"教育"，而在于"家庭"。家庭和谐、健康了，孩子的内心也就和谐了，成长也就健康了。

所以，我们有必要了解，决定家庭环境是否和谐、健康的因素有哪些。

二、决定家庭环境是否和谐、健康的因素

1.良好的夫妻关系

夫妻关系是家庭关系的核心。互补和相互适应是夫妻关系的两种模式，两个性格相仿的人更容易建立亲密关系，但是互补的人更容易在这过程之中形成持久、稳定的关系。

诚然，选择了生活在一起的夫妻，没有谁不想夫妻关系良好。但是，怎样才能拥有良好的夫妻关系呢？这里我想说"夫妻关系发展成什么状态，在一定程度上是夫妻双方共谋的结果"。

以上案例中，该女士的父母不赞成女儿嫁给这个男人，让这个女儿在潜意识里接受了父母的意愿，但她在实际行动中却嫁给了这个男人。这样在潜意识层面就会违背父母的意愿，为了忠诚于父母，于是产生了内疚、痛苦的情感。之后在自己的家庭生活里不断地强迫性去破坏夫妻关系，试

图让自己有一个重新选择的机会从而不会拂逆父母的意愿。而丈夫呢？在漫长的日子里也接受了妻子的潜意识需要，在潜意识层面去配合妻子的强迫性重复，所以他们的夫妻关系状态是他们夫妻俩合谋的结果。

要改善这种家庭环境，就要去改善夫妻关系，我们从心理动力学角度进行解读。

亲密关系的原则是"爱其所是，而不是爱我所愿"，意思是爱对方本来的样子，而不是爱我所希望的他（她）的样子。

一个家庭要健康有序地发展，夫妻关系起到决定性的作用。正如前面案例所描述的夫妻关系显然恶化到了极点，家庭系统处于风雨飘摇之中。要让孩子的症状有所改善，我们在做咨询的实践中一般先去深入了解这对夫妻的关系，在孩子发病时夫妻之间发生了什么。去了解酗酒、不顾家真的是这个男人从原生家庭里带来的吗？或者因为什么让他慢慢地发展成为今天令妻子讨厌的样子的。夫妻关系的改善，或者希望家庭环境改善，首先有这个想法的一方一般会付出更多。比如例子中的妻子，如果她尝试去做一些改变，对丈夫温柔体贴一些，对丈夫采取鼓励支持的态度，我想丈夫也会慢慢地有所改变的。一滴水滴到一盆水里，虽然我们听到的只是一声响，看到的也许只有几个水花，之后一切都归于平静和原样。于是，滴下这滴水的人就会受不了，我已经做出了让步，我已经付出了努力，然而却一切依旧，于是会有一种挫败感和无能感。然而，从心理动力学的角度来看，家庭环境中任何一个人的改变，都会在一定程度上让家庭环境发生变化，所以我们要勇于迈出这一步。即使看不到明显的效果，我们也可以去做出改变，做出了改变我们本身就成长了，一个人人格成长到一定的强度，就再也无惧环境的恶劣了。

当然让夫妻关系变和谐的方法还有很多，后续课程中会有相应讲解。

2.良好的老幼关系

老幼关系指的是在主干家庭里，会存在三代同堂的现象，这样就存在着父辈和子辈的关系。隔代教育的问题在我们中国是一个普遍现象，即年轻夫妻生下孩子之后就要去上班，让父辈照看孩子，还有的夫妻因为生活所迫，孩子还在婴幼儿期就远离家乡外出务工，把孩子完完全全地交给老人监护和养育，让孩子实际上变成了父辈的孩子，成了自己的"兄弟姐妹"，孩子变成了留守儿童。

我们认为孩子在3岁之前要在父母的身边生活，这样对孩子的发展最为有利。在这个阶段，老人可以帮助照看孩子，但在情感上不能让老人越俎代庖。比如有些夫妻逢人就夸自己的孩子和老人如何如何亲近，甚至不要爸爸妈妈，这不仅颠倒了家庭成员之间的位置，也给年轻的爸爸妈妈一个懒惰的借口，更是给后来的亲子关系留下不可磨合的创伤。

不管是哪一种情况，父母都需要让孩子在心理层面上跟自己是最亲近的，而不是可有可无。如何做到这一点？父母在孩子3岁甚至6岁以前都应亲力亲为，细心呵护孩子，哪怕再辛苦也要把孩子带在身边。6岁之后，孩子因为要上学实在无法处理时，可以把孩子交给老人看护，但是心理上的链接不能断，可以充分利用互联网的工具，每周和孩子视频聊天，重大节假日回家陪伴孩子。

当然，还有一种比较现实的情况，老人过于宠溺孩子，而有新教育理念的父母想按照自己的教育理念培养孩子，认为老人的宠溺是对自己教育效果的稀释甚至反作用。有不少家庭，还由此闹出了小夫妻和老人之间的诸多矛盾。此时作为父母应该如何处理这种关系？苏州名师华英老师的话，或许是对处理这种关系最好的回答——

父母帮我们带孩子，应该心存感激；而教育孩子，本来就是父母的事情。如果一个家庭完全形成了一致"教育"孩子的局面，一旦孩子有了错误，他将躲向何处？此时，爷爷奶奶或者外公外婆就是他心灵安放的最佳场所。所以，有上一代老人宠溺的孩子是幸福的。或者可以简单地说，老人，你只管宠溺就是了；教育，我来做。

3.良好的亲子关系

世界上有这么多美好的人，是因为有很多父母跟孩子的美好关系。亲子关系的好坏甚至关乎到人类的前途。如何建立良好的亲子关系呢？

首先，思考如何教孩子的时候，先要去思考我们是一个什么样的人，父母是什么样的人比父母怎么教、教什么更重要。父母要做一个开朗、阳光、有趣的人。

其次，父母要想被孩子尊敬与崇拜，靠的不是威胁打骂，靠的是自己不断的成长与学习。父母给孩子一个榜样，孩子就会模仿，这是最自然的教育。

再次，尊重孩子的边界，不管是孩子的心理空间还是物理空间，尊重孩子的决定。比如，父母不要随意进入孩子的房间，不要随意翻动孩子的私人物品。

又次，点亮孩子的美好，让孩子美好的星星之火，因为你的不断点亮而灿若星辰。

最后，经常跟孩子表达自己的感受，让孩子也学会表达自己的感受，让家庭的交流朝深度发展。

当然，良好的亲子关系，后续还有详细介绍，我这里只是做一个整体概述而已。

4.良好的兄弟姐妹关系

兄弟姐妹关系，在家庭教育中的作用更多的是建立一种支持性系统。具体而言，主要有下文两个方面。

（1）情感支持系统。尤其是在父母因为工作或者其他因素缺席的背景下，兄弟姐妹之间的相互依恋、温暖、宽慰和保护就会弥补父母的缺席，从而避免很多来自原生家庭问题的出现。

（2）行为矫正系统。多孩家庭中，小的往往"仰慕"大的。很多时候，姐姐或哥哥的"教育"功能要强于父母，尤其重要的是，大的往往以自己理想的状态去教育小的。这就在无形中形成了对小的行为的矫正系统。而反过来，小的也会在父母的引导下，影响大的。从而形成更好的家庭教育情境。

在发展社会认知能力方面，研究表明，兄弟姐妹之间交往的实际频率和强度可以促进许多社会认知能力的发展。比如，在兄弟姐妹一起游戏时，并非完全听从某个人，总会有很多意见不一致的时候。这个时候兄弟姐妹的交往可以促进双方观点采择能力和情感理解能力的发展，提高谈判和妥协的能力的发展，并促进道德判断得更加成熟。由此可见，儿童可以通过很多途径从与兄弟姐妹的交往中获得社会认知能力的发展。

家庭环境是由以上四组关系交织而成的，四组关系以夫妻关系为首，只有确立了夫妻关系是家庭关系的核心，家庭才会稳固。夫妻和孩子形成一个铁三解关系的家庭比较稳定，如果夫妻某一方拉拢孩子形成同盟，铁三角瓦解，那家庭就处于风雨飘摇之中。

一切心理问题其实都是关系的问题，只要处理好了关系问题，家庭环境就会得到改善，我们的生活也就会更加幸福。

学后测评

1.实践题：改善亲子关系从欣赏孩子开始，请给孩子写一封信，要求：

（1）手抄　　　　　　　　　（2）至少写3个优点

（3）用孩子听得懂的语言　　（4）孩子可以随时回信

2.单选题：现代观念中，家庭教育是（　　）。

A.家长对孩子施以教育

B.孩子通过家庭生活实践获得新的能力

C.生活中家庭成员之间相互的影响和教育

D.家长有意识地通过自己的言传身教对子女施以一定教育影响的社会活动

3.单选题：有关家庭环境中的四组关系，以下说法正确的是（　　）。

A.以孩子为核心，夫妻关系可以在亲子关系之后

B.尊老爱幼是中华民族的传统美德，如果家有老人，在教养孩子方面都要以老人为中心

C.夫妻关系大于亲子关系家庭才会稳定

D.夫妻一方和孩子形成攻守同盟对整个家庭是有益的

第二讲　构建家庭成员之间的动力系统

叶梓，高级家庭教育指导师，《中国教师报》"当代教育家"推介名师，家庭教育与教师专业发展研究员。

请允许我问您几个问题——

1.良好的夫妻关系应该如何建立？

2.您有没有想过最理想的家庭关系应该是怎样的？

3.最美的家庭姿态是怎样的？

家庭关系里最重要的就是夫妻关系。如果夫妻关系不够和谐，家庭的生态就很难好到哪里去。各位可能也看到过不少关于处理夫妻关系的书籍，也可能会发现，道理懂，但做起来不那么容易。

请允许我把朋友雯子的故事讲给您听。

见到雯子之前，她只是我一个普通微友。和别人不同的是她朋友圈里你看不到生活的点滴记录，也看不到晒娃的举动。她只做一件事——晒美食，顿顿不落：色泽搭配淡雅、营养搭配科学，餐盘的选择以及摆盘的方式可谓用心之至。近几年，也是家庭教育研究多了，就越来越重视家庭。所以，就约了雯子，想向她学习如何做饭。那天真正见到雯子，她恰如一朵春日里的雏菊，淡雅而得体地出现在我的眼前。她说："幸会叶老师，我们是同行。"

"同行？你惊到我了！"有些冒失，还是实话实说了，"我一直以为你是一个贵妇呢"。

"哪里啊，就一个普通的幼儿教师，两个孩子的妈妈、一个理工男的妻子。"雯子的言语清淡，但自足的神情还是溢满了脸颊。

"叶老师，你为什么想着跟我学习厨艺啊？男人这么做的可不多。"

这是她的惊奇，也是我的惊奇，因为先前的我从来想不到有一天我会爱上做饭，遑论拜师学艺。曾经以为男人属于事业与天下，经历了太多沧桑之后才明白，最幸福的生活就是和家人一起，过着最简单的柴米油盐酱醋茶的生活。我这两年最大的感触是：没有家庭的美满，你拥有天下依然不幸福；有了幸福的小窝，你又何必贪恋别处的风景呢？

莞尔一笑，没有言语，雯子伸过了她并不纤细的手。我知道这一握手就是"好朋友"的意思。

"你怎么可以把日子过得如此精致？"算是单刀直入吧。

"呵呵，你知道一个理工男多么无趣吗？"她微微一笑，"但嫁了他，我知道，一个幼儿教师的浪漫和一个理工男的无趣，一定会矛盾不断。如果矛盾不断，就不可能有家庭的幸福，孩子也会问题重重。所以我放弃了对他的诸多要求，只要求老公做到一点：拥抱与亲吻，精致地。每天离开家时，整理好服装，和妻子、两个女儿一一拥抱亲吻；每天下班回家，摆放好鞋子，和妻子、两个女儿一一拥抱亲吻"。

"他会同意吗？理工男啊。"我忍不住问。

"一开始当然不会同意，但是，我对他说，你上班我也上班，大家都辛苦。我对你要求不多，就这么点儿，就不能做到吗？我保证，每天让你吃到最精致的美食。"雯子说，每天早晨她早早地起床走进厨房，每天下班，顺路买好菜也赶紧走进厨房。学习参考各种美食食谱去尝试捣鼓精致美食，然后摆满桌子让老公和孩子们享受。她说，"这样吃饭的过程才会显得有仪式感。我觉得潦草地吃饭，就是对生活的辜负"。

各位，到这里，如果您是雯子的老公，雯子做工作也并不少，做饭还如此用心，您会怎样想？您还会觉得她的要求过分吗？或者说，您愿不愿意去尝试改变呢？我相信，您的答案已经在内心了。当然，也会有朋友感觉特别别扭，雯子的老公也是。

"哈哈，你知道吗，叶老师？"雯子说，"一开始这拥抱和亲吻对他来说是多大的折磨！现在，呵呵，他已经'中毒'了，一天不拥抱老婆孩子他会很不习惯，理工男也懂了浪漫"。我知道雯子的微笑里是幸福，也能理解为了此刻的幸福，前期她独自承担了多少。

"一回到家，别的我都不用他做，就让他陪两个丫头疯，因为和谐的父女关系对孩子的成长非常重要。一个从不缺父爱的女孩子就不会轻易地在情感方面出错，一个从不缺玩伴的女孩子就不会有心理的不健康。"

我突然觉得这个女子特别智慧。是啊，生活中的幸福、心理的健康和未来爱情的顺利，不就是一个女孩子最顺利平安的一生吗？

有了享受美食的过程，她说，她也似乎有点作，就是让老公主动给两个女儿夹菜。慢慢地，两个女儿也懂得了给父母夹菜。就这样，一顿精致的美食，就是一场亲情的盛宴。

"叶老师，你不觉得吗，其实家庭教育是包括对爱人和孩子的教育的，而最好的家庭教育其实就是经营生活。你懂得经营生活了，夫妻关系就和谐了，家庭关系就好了，而孩子的教育就自然而然地发生了。"

朋友们，读到这里，您还会担心雯子的夫妻关系不好吗？任何一个家庭生态的改变，都必须有一方主动做出调整，用自己的调整来渐渐影响对方的改变。这即是"经营家庭"中"经营"的真正含义。当家庭已经建立，意味着夫妻双方都有责任为之付出。这种付出不是对等的交换，而是由一方心甘情愿的改变。如果双方都不愿意主动"经营"，这样的家庭将随时会有解散的危险。

所以，当我们明白了"家"的含义，而愿意用一方的主动调整来"经营生活"的时候，夫妻关系、整个家庭关系都会温馨起来。

到此，我们回答了第一个问题。

现在我们来探讨第二个问题：理想的家庭关系应该是怎样的？

可能有朋友会问：雯子的家庭关系难道不是理想的家庭关系吗？当然不是，因为在雯子的家庭关系中，缺乏"系统"概念。系统一词来源于英文System的音译，即若干部分相互联系、相互作用形成的具有某些功能的整体。而在雯子的家庭关系中，侧重的是夫妻之间的关系处理，而在这个家庭中两个女儿也属于"相互联系"的一个部分。但是，女儿们没有和父母之间"相互作用"。所以，雯子的家庭有了温馨，是建立在夫妻双方的付出基础上的。温馨但不是理想。

这里请允许我引用皇甫军伟老师在《以心养心》中的文字来说明——

我一直强调家庭教育不是一个人的事，而是个系统互动的问题。我最近在家里体验到了这种系统互动的关系。原来我们家晚上要泡脚都是我爱人自己打上三盆水，招呼女儿洗，招呼我洗，然后她自己也来泡脚。一个人干活，坚持时间长了，就累了，累了就该发脾气了。现在换了一种方式，我爱人给我女儿打水，我女儿给我打水，我给我爱人打水。这三个人每个人都打了一盆水，但是都非常幸福。原来也是三盆水，一个人打，一个人生气，两人受气，这就是系统。

我有时晚上累了，就不想刷牙了，现在我女儿天天晚上不吭声地把牙膏给我挤好，把温水和热水给我兑好，然后过来小声说，爸爸，你到那儿看看。不要说刷牙，我一看就生出来一阵幸福："哎呀，你给我挤好了，这太幸福了。"其实女儿每一次都把牙膏挤得牙刷上全是，一般的家长可能会拉着孩子讲挤牙膏要怎么挤,但我从来没讲。

这就是一个系统,一家人,东西没变,但是每个人都觉得幸福。为什么幸福?既有爱又有被爱。这样的家庭能养人,孩子笑着入睡,妻子也是很幸福,她觉得她受到了尊重。

我有一个小爱好,就是剪手指甲、脚趾甲,自从我爱人认识我,包括我女儿出生到现在,手指甲、脚趾甲都是我给她们剪的,每当这个时候她们都很幸福。

这就是一个系统,家庭一定要把整个系统动起来。你不要强调你一个人要做什么,所有的人都动起来的时候,再讨厌的事都变得很享受。比如你们家做饭,丈夫在那儿择着菜,孩子跟你聊着天,你做完一个端走一个,想必有的家长就想一直在那儿炒着菜,因为太舒服了。所有的事你把一家人调动起来就变得很美好,你一个人怎么努力都不行。

我这里大篇幅引用皇甫老师的文字,是想更明确地回答我们提出的问题。这里,对皇甫军伟老师表示最真挚的感谢,也推荐大家去读读此书。

相信此刻,透过皇甫老师的文字,您一定明白了:理想的家庭关系就是让家这个系统中的每一个成员都相互服务,感受幸福,也给予幸福。

现在,我们来交流第三个问题:最美的家庭姿态是怎样的?

如果我问各位"家庭教育"中的"育"是育谁的?您肯定会回答"育家庭中的每个人"。如果我没有问这个问题,在您的潜意识中,家庭教育是不是就是育孩子的?我相信您不会否认。

您是不是也有这样的时候:很消沉,希望得到鼓励;感觉良好,希望得到认可?我相信您也不会否认。俗话说,家是最温暖的港湾,您的这份"希望"是不是可以从家庭里获得呢?如果家庭中的每个成员,都可以从彼此获得力量,这样的家庭不就是一个健康向上的家庭吗?

到此，您一定会明白，好的家庭，不单是静态的幸福美满，还应该是动态的向上美好。

那么，如何构建这种动态的向上美好呢？请允许我用聂律师的故事来回答。

聂律师的爱人是美国某大型公司的中国大陆负责人，一个月大部分时间在外出差。聂律师一边一个人带孩子，一边还要处理各种案件，整天疲惫不堪。所以，一旦爱人出差回来，她就忍不住抱怨几句。爱人总是会说"你看看你生气的样子，谁不都是为了这个家啊！"时间久了，一旦聂律师再抱怨，两岁的儿子就会说："妈妈，你看你生气的样子！"

"儿子的话对我触动很大。"聂律师对我说，"任何一个妈妈都想在自己孩子心中完美，但父亲口中的妈妈就成了孩子眼中的妈妈"。

为此，聂律师开始改变自己。她开始用理解的心态去看待自己爱人的出差，也慢慢体会到出差的不易。所以，从此以后，每当爱人出差回来，她都会迎上来对爱人说："老公，你辛苦了。"然后转身对儿子说："开心（儿子的名），你看爸爸多辛苦，为了养咱们娘儿俩，连续在外面奔波。"这个时候，儿子就会走来帮爸爸提包，还会用自己的小拳头给爸爸捶背。因为，她知道，她口中爱人的形象就是孩子心目中父亲的形象。妈妈对爸爸的仰视态度，也会让儿子对爸爸心生仰视和自豪。而在聂律师不断的改变中，爱人也逐渐意识到了妻子的良苦用心。也总是会在儿子面前讲妻子的专业优秀，讲妻子的辛苦付出。于是，在孩子心目中妈妈又成了他的自豪。之后，爱人出差回来，她还会把儿子在他出差这段时间内的优秀表现自豪地讲给爱人听。这个时候，爱人就会捧起儿子的小脸说："儿子真棒，你是爸爸的骄傲！"赶上爱人不出差，而聂律师为某个案件奔波的时候，回到家，爱人也会把孩子的优秀表现讲给妻子听。

到此，各位可以感受到，聂律师家的家庭姿态就是活成了一家人彼此仰望的姿态。家庭成员之间彼此感受到价值认同，从而彼此获得向上的力量。

聂律师的儿子今年10岁了，没上过任何培训班，却成绩优异；没进行过说教，却心底善良，总能看到别人的优点。聂律师是当地最优秀的律师之一，而爱人的中国区总负责人的业务也做得越来越好。

一家人彼此仰望的样子，不就是家庭最美好的姿态吗？因为，它在"育"着每个人，它在给予每个人归属感的同时，又给予了每个人价值感的满足，让整个家庭拥有着积极向上的力量。

这其实就是建立了良好的家庭动力系统。

学后测评

1.简答题：家庭关系的三个层次分别是什么？可以怎样获得？

2.简答题：好的家庭教育，应该育的对象是谁？为什么？

3.思考题：有人认为，家庭中应该有"秩序"，谁主张谁有地位或者谁功劳大谁有地位。您怎么看这个问题。

第三讲　多子家庭良好关系的构建

第一节　构建和谐家庭关系的三大法则

吴菁，国家二级心理咨询师，国家高级家庭教育指导师，NLP亲子关系导师，正面管教家长讲师。

多子女家庭中亲子关系、同胞关系出现问题往往是爸妈最头疼的，而且我们还会发现，在多子女家庭中，往往老大出"问题"的概率更大。根据对多子女家庭的调查问卷，我们发现老大常出现"嫉妒心理""逆反心理""行为退化""自卑心理""不愿沟通"等问题。请允许我呈现两个例子来说明问题。

案例1：

小A同学，男生，今年初三，家里有个弟弟读一年级。小A同学已经两年多没有跟父母说过一句话了，也不肯和父母在同一个餐桌上吃饭，看见弟弟就当没看见一样。每天除了上学，回家就是睡觉，或者玩手机，作业胡乱完成。但是小A在学校非常听老师的话，和同学也能友好相处，老师说小A的情商很高。

我们可以发现小A的同伴交往、师生交往还都是很顺利的。如果老师和家长不沟通，完全不知道他的两面性，由此可见问题一定是出在了家庭。小A和弟弟差8岁，弟弟出生后父母就忙于照顾弟弟，疏忽了和小A的交流。每次带弟弟一起出去玩，小A觉得爸爸妈妈把自己当个小助手使唤，刚开始还表扬自己，后来就成了做得好是应该的，做得不好还要被批评。逐渐小A觉得和他们出去太没意思了，就喜欢自己玩了，家里也没有其他人跟他玩，他就看看电视，玩玩手机。到了初中小A的成绩一年比一年退步，爸爸妈妈就把退步原因归结为小A学习不努力，总是玩手机。为此，父母摔过小A的手机，剪过家里的网线，更有一次还私看了小A的聊天记录，小A觉得父母侵犯了他的隐私，从此不再跟父母讲话。

小A和弟弟年龄相差比较大，在小A逐渐进入青春期的时候，父母在忙于照顾弟弟忽略了对他的陪伴，忽略了小A的感受，疏于沟通交流让小A产生了误解并养成了依赖手机的习惯。进入初中后学习难度增加，小学学习成绩优秀的小A成绩逐渐下滑，背后原因很多，父母没有及时帮助他分析问题寻找对策，反而是一味指责批评，这样更容易让小A觉得挫败和失望，小A父母的极端做法只会将他越推越远。

案例2：

小B同学，女生，三年级，家里有个弟弟读幼儿园小班，小B班主任反映最近小B同学经常会因为一些小事而哭，比如同学不小心把她的笔袋弄在地上了，或者她的好朋友下课和另外一个同学一起走，没有等她，这些都会引起她闷闷不乐，或者流眼泪。原本文静的她现在喜欢动手跟弟弟抢玩具玩。

小B同学看上去不太容易控制自己的情绪，经常出现委屈、愤怒的状态。因为小B是家族里最先出生的孩子，除了家里6口人捧在掌心外，还有家族中其他长辈的宠溺，养成了她比较骄纵的个性，只听得进好话。小弟弟的出现打破了这样的关系，她不再是家中唯一的焦点，加上弟弟又乖巧聪明，有好东西都主动分给姐姐或家里其他人，弟弟就更加深得家人喜欢，大家每次夸弟弟听话、有礼貌、大方等的时候，等于和小B形成鲜明对比。小B就感觉更加受到了伤害，她不知道如何表达、发泄自己的情绪，只能哭，或者大喊大叫来博取关注，又或者去欺负弟弟达到报复的目的。

小B的父母表示，他们并没有因为二宝是个男孩而重男轻女不喜欢小B，所有玩具也都是买两份，并且让小B先选，但无论怎么样，最后小B还是会去霸占弟弟的那份玩具，连续欺负弟弟的霸道行为让他们也非常担心。弟弟比较会撒娇，会讨好别人，嘴巴甜，和弟弟相比，小B的任性和耿直反而成了她的缺点。

都说二宝家庭中"老大傻老二奸"的案例很多，小B通过自己的情绪表现和行为退化来引起父母的再次关注。她以为退回到弟弟一样的年纪，做和弟弟一样的行为就能赢得父母、长辈的关心，这是她发出求助的一个重要信号！

关于多子女家庭中可能还有家长说，"他们两个年纪很接近，经常打架怎么办"？"他们年纪差得太大，每次带出去玩一个要往东一个要往西怎么办"？"妹妹不肯穿姐姐的衣服，非要买新的，怎么办"？"一家一个姓，双方老人都帮着跟自己姓的那个孩子，造成孩子之间有罅隙了怎么办"？……一千个多子女家庭就有可能提出一千个"为什么""怎么办"，从共性发展来看，我们构建和谐家庭关系，掌握一般规律，尽量避免一些不必要的问题出现。

以四口之家为例，和谐的家庭关系包括夫妻关系、亲子关系、同胞关系。根据德国心理治疗大师伯特·海灵格先生首创的"家庭系统排列"的原则，我认为在构建和谐家庭关系中需要尊重三个法则。

一、序位法则

长幼有序，万物有归。在一个家庭系统里，每个成员都有自己的顺序和位置，就好像太阳系里各大星球各有自己的运行轨道，不能够被随意变换和调整。每个人的位置就好像齿轮一样，一环扣一环，比如夫妻关系比亲子关系更优先于这个家庭，就是先有夫妻关系，才有了亲子关系。所以如果妈妈帮着孩子一起指责父亲，或者有的家庭为了照顾孩子，妈妈长期陪孩子睡觉，让爸爸一个人睡，这些都是破坏了家庭系统排列。亲子关系优于夫妻关系，导致夫妻关系逐渐疏远，很容易出现第三者，最终导致家庭破裂。

在多子女家庭中，会出现一个玩具兄弟两个人争抢的情况，通常父母会说："你是哥哥，要让着弟弟。"其实按照序位法则，弟弟就应该排在哥哥后面，哥哥玩好了弟弟玩；当然父母可以提议两个人一起玩，或者其他好方法，但是绝不能破坏这个序位，否则哥哥的心态容易失衡，破坏了亲子关系和同胞关系。

二、平衡法则

多子女家庭中，平衡原则非常重要。比如夫妻关系，如果妻子总是大包大揽，孩子的事都自己扛，爸爸角色的缺位不利于孩子成长，也不利于夫妻关系。因为爸爸不能理解妈妈的辛苦和抱怨，妈妈承担了爸爸的责任，爸爸在家无事可干，只能把时间花在打游戏或者其他上面。父母在对待不同孩子的时候也是一样，要保持平衡法则。两个孩子父母应各有侧重地教育，比如爸爸多带带儿子，妈妈多带带女儿。孩子之间的矛盾让孩子自己解决，只要不出现危险动作，可以充分让孩子自己找到平衡点。也许父母不插手孩子抢玩具的事，小宝就会主动让哥哥或姐姐先玩或者商量一起玩，没有父母的干预哥哥或姐姐也会照顾小的。父母也可以选择买两个一模一样的玩具给孩子或者当只有一个玩具时让孩子们自己选择，一个先玩玩具，一个先妈妈陪玩，然后约定时间交换。这些都是在寻求平衡法则去解决家庭问题，构建和谐的家庭关系。

三、流动法则

海灵格先生认为"生命是一种流动，它通过每个生命个体，一代代由上而下传递着家族的生命和生命所附带的能量信息"。我们的父母爱我们，我们爱自己的孩子，这就是生命的流动。我们要成为孩子的榜样，把正能量传递给下一代。如果我们对待孩子不公平，孩子之间处理问题就会不公平；如果我们尊重孩子，孩子就会尊重比自己小的同胞。生命是流动的，当我们每个个体在遇到困难的时候，要学会去寻求自己生命的支持系统，比如我们的父母、我们的伴侣、我们的朋友，等等，只有我们不断调整，才能构建和谐的家庭关系，为孩子创造良好的家庭生态支持系统。

当然，知道这些法则是一回事儿，而转化为行动我们还需要有一些更为实际的操作：

比如在要第二个或者第三个孩子的时候，需要召开家庭会议，共同商讨；第二个或者第三个孩子出生后千万不能忽略了跟原先孩子的沟通；不要奢望我已经养育过一个孩子了，有着丰富的经验，实际上每个孩子都是不同的；我们要尊重每一个孩子之间的差异，不内部比较，不外部攀比。

多子女家庭不是问题，孩子本身也不是问题，所有的困难都是暂时的，当我们从根源上理解了家庭关系，并寻找到适合的方法解决，相信我们能构建和谐的家庭关系，帮助孩子健康快乐成长。

学后测评

1.单选题：在家庭关系中被称为家庭中第一关系的是（　　　）。

A.亲子关系　B.夫妻关系　C.祖孙关系　D.婆媳关系

2.判断题：我国家庭规模的发展变化状况呈现出小型化和核心化发展趋势（　　　）。

3.思考题：如果孩子发生争吵，甚至有往打斗方向发展的趋势时，你会怎么办？

第二节　让"不平衡"带来"兄友弟恭"

李迪，国家二级心理咨询师，全国知名教育专家，河南首届最美教师。

随着国家三胎政策的放开，年轻的父母开始面临孩子在家里争宠斗气的场景。家长朋友们除了面对繁重的工作压力、经济压力，还要处理孩子之间的矛盾。今晚我们就聊聊孩子们"兄友弟恭"的问题。

《三字经》有言："兄则友，弟则恭。"但是，随着时代的发展，尤其是经过30年"独生子女"政策的推行，多数家长在成长过程中，没有兄，也没有弟，哪里有"兄友弟恭"的感受？如今家里却有了二宝、三宝，面对孩子之间的斗争，我们该如何引导？

案例1：

湖北黄冈詹老师：家有俩儿子，哥哥10岁，弟弟6岁，他们总是为了各种鸡毛蒜皮的事儿争夺打闹，经常打架，谁也不肯让着谁。我教育他们要互相爱护谦让，但是都没有用，哥哥经常引诱弟弟，在他面前炫耀自己的文具或者零食或者玩具，但就是不给弟弟分享，没一会儿就又争抢打斗起来了……怎么教育他们，让他们懂得互爱、谦让、分享？

案例2：

湖南多多老师：家有俩孩子，大女儿小时候跟着爷爷奶奶生活，4岁才带身边，陪伴较少，特别是沟通方面，她不会与家长沟通，我也不知道该如何引导，很多时候她有事情不告诉我。另外，与弟弟相处，她在家总是有欺凌的态度与行为，在外别人欺负她弟弟，她就以霸权主义捍卫弟弟，此种情况，怎么与孩子沟通？

看完上面两个案例，大家有什么感觉？您认为这种状况的问题根源在哪里？我们首先思考为什么，然后再聊怎么办。

我们先来谈第一个问题：为什么？缺乏安全感和价值感——这是问题的根源。

根据《自卑与超越》的作者阿德勒所说，孩子的每一个行为，都是在寻求安全感或价值感。或者说，孩子的每一个问题行为，都是因为缺乏安全感和价值感。

首先谈谈安全感。

安全感属于个人内在的精神需求，是对可能出现的对身体或心理的危险或风险的预感，以及个体在应对处事时的有力或无力感，主要表现为确定感和可控感，这是一种渴望稳定、安全的心理需求。

专业的定义总是有点拗口。我们用通俗的话讲，安全感就是周围亲人对我们的接纳、认可和鼓励。安全感是对已知世界的了解和掌控，比如，我今天吃了饭，知道明天还有饭吃；今天穿了衣服，明天还有衣服穿；今天住了房子，明天还有房子住……最关键的是，无论我闯多大的祸，爸爸妈妈都会无条件接纳我；无论我在外面搞得怎样头破血流、遍体鳞伤，我都有一个家供我养伤……这就是安全感。一个有安全感的孩子，会觉得爸爸妈妈是好的、爷爷奶奶是好的、兄弟姐妹也是好的，整个世界都是好的。

一个人最根本的安全感，是在0~3岁妈妈给的。所以，一个孩子3岁之前，离开自己的妈妈不要超过两个星期。超过两个星期，孩子就可能会出现分离创伤，导致他终身缺乏安全感。有的家长说，孩子爷爷奶奶教育孩子可有经验了，孩子让他们带没问题……事实上，爷爷奶奶再好，也比不上妈妈给孩子的安全感，尤其是妈妈的心跳可以给刚出生的孩子带来安全感。比如，一个婴儿不睁眼，不认人，但是妈妈抱他他就不哭，别人抱他他会哭。为什么？因为这个孩子在妈妈肚子里，就熟悉了妈妈的心跳。

在二胎政策没有放开前，很多公职人员偷偷生了二胎，把二宝放在老家，等孩子到了父母身边，会出现种种问题。根源就在此。

为了获得安全感，人们往往会做一件事——努力让别人喜欢我。

等孩子上学后，他的世界变大，会发展出自己的社会情绪支援网。这个情绪支援网络包括家庭内和家庭外。家庭内的，依然是父母和亲人对自己的支持和接纳；而家庭外的情绪支援网，则是伙伴、老师和偶像。

一个孩子在学校被孤立之所以是非常残忍的，原因就在于这种孤立破坏了他的情绪支援网，倘若孩子在家庭内也得不到支援，那将给孩子感觉生不如死，因为他极度缺乏安全感，他会走向两个极端——要么把自己弄成一个"小刺猬"，受一点委屈就发怒；要么养成讨好型人格。

多多老师家里的女儿4岁前没有在父母身边，如今与弟弟在家里相处，总是欺凌的态度，是否和缺乏安全感有直接关系？多多说，在外面别人欺负弟弟，姐姐就以霸权主义捍卫弟弟……这种捍卫，是源于自恋。这就好像很多男孩子得知自己的女朋友被欺负后，就会不分青红皂白为女朋友出头。这时候，大家千万不要认为这个男生很爱他的女朋友。他爱的只是自己，他把女朋友当成了自己的一部分。所以，当女朋友和别人发生冲突的时候，他会打别人；而当女朋友和自己发生冲突的时候，他会打女朋友。

接下来我们谈谈价值感。

"价值感"是指个体看重自己，觉得自己的才能和人格受到社会重视，在团体中享有一定地位和声誉，并有良好的社会评价时所产生的积极情感体验。有此情感体验者通常表现为自信、自尊和自强。反之，则易产生自卑感、自暴自弃。

用最通俗的话讲，价值感主要来自周围亲人、朋友对我们的称赞、鼓励和嘉许。价值感是对未知世界的挑战，我不知道自己能否战胜这个困难，最后经过努力，我战胜了，我觉得自己很厉害，于是油然而生价值感。价值感是孩子小时候在不断的试错中获得的。

我们为了获得价值感也会做一件事情——证明自己足够好！

比如孩子刚刚学会走路，他希望拿到一个玩具。他有很多种方法达到自己的目标，最简单的方法有两种：一是让大人把玩具给他；二是他自己跌跌撞撞、连滚带爬把玩具拿到。当大人把玩具给他后，他会觉得：哇！大人真棒；当他自己拿到后，他会觉得：哇！我真棒——这时候孩子就获得了价值感。

溺爱会导致孩子自卑，原因就在此。

如果说，安全感是孩子认为"这个世界是好的"，那么，价值感就是孩子觉得"我是好的"。

而孩子上小学后，他们的价值感显然来自成绩。否则，他们就会沉迷网络，在虚拟世界里寻求价值感。

詹老师家里的两个孩子为鸡毛蒜皮的事儿争夺打闹，哥哥经常在弟弟面前炫耀文具等，是不是在寻求价值感？是不是藉此证明自己比弟弟强？他为什么会有这样的念头？是否因为弟弟的出生让哥哥感觉到了被冷落？每当兄弟俩发生矛盾时，家长是什么态度？我们批评的语气是怎样的？你先批评了谁？后批评了谁？哥哥和弟弟有矛盾后，父母吵弟弟多一点，还是吵哥哥多一点……这些问题都很重要。案例没有提供更详细的材料，其实我们是回答不出来的，就算探讨，也难以谈到"点子"上。

现在才到了我们谈"怎么办"的时候。我认为，最好的解决方案是避免"大让小"或过分"公平"。

在探讨如何让孩子"兄友弟恭"之前,我们来欣赏网上广为流传的一个视频:

一个6岁的女孩子在啪啪啪地扇一个1岁多小男孩的耳光,乍一看这小姑娘太凶了。

小姑娘打了弟弟六七下后,小男孩"哇——"一声大哭,一边哭还一边倒向姐姐的怀抱。姐姐严厉地问:"姐姐打你,你疼不疼?"

弟弟抽泣着回答:"疼——"

姐姐:"那你打姐姐,姐姐疼吗?"

弟弟回答:"疼!"

姐姐声音更大了:"是不是都疼?"

弟弟已经不哭了,却大声回答:"嗯!"

姐姐抬手又轻轻给了弟弟一下:"都疼,那你还打姐姐?"接着姐姐放缓语速,一本正经对弟弟说:"你打别人,别人也会打你;你打姐姐,姐姐也会打你;你掐别人,别人更加不会原谅你。你对别人怎样,别人就会对你怎样……"这时候,妈妈在一旁给姐姐竖起大拇指,一边对弟弟说:"快过去亲亲姐姐,你去亲亲姐姐……"姐姐继续谆谆教导:"你亲姐姐,姐姐也会亲你;你打妈妈,妈妈也会打你。刚才,你打了我25下我都没哭,我打你7下你就哭了……"

朋友们看到这里,有什么感想?最让你感动的是哪一个场景?

最让我感动的,是视频里的妈妈。她在亲眼见姐姐教训弟弟的时候,没有批评姐姐打弟弟,而是给姐姐竖起了一个大拇指。这一举动让姐姐感受到:只要自己做得对,爸爸妈妈永远爱自己。这就给了姐姐安全感和价值感,让姐姐认识到,弟弟的出生并没有影响父母对自己的爱。同时,弟弟也不会对姐姐有任何不满。所以弟弟才会一边哭,一边扑向姐姐的怀抱。由此可见姐弟俩的感情其实很好，姐姐是真心疼弟弟，弟弟也是真心信任姐姐。

这样的姐弟关系，才是世界上最让人羡慕，并值得赞扬的。

然而，扪心自问，现实里姐姐这样打弟弟，多数父母会怎么说？

大多数父母会要求姐姐谦让弟弟："他那么小，就算他打你了，你也不能这样还手啊！""你是姐姐，你就不能让着弟弟？"或者："他那么小，他打你几下能有多疼？"，甚至会说："他怎么就不打我，他怎么总是去打你……"或者妈妈抱着弟弟走到姐姐面前，说："打她！再打她……"姐姐会觉得委屈、不公平，会感觉父母爱弟弟更多一点，会觉得自己被忽略，觉得弟弟的出生分走了父母的爱，姐姐因此而缺乏安全感，也找不到当姐姐的价值感。而弟弟看到爸爸妈妈为自己撑腰，会变本加厉欺负姐姐。偏偏弟弟年龄小，他想欺负姐姐，却又欺负不了。而姐姐为了寻求安全感，她可能把自己弄成一个"小刺猬"，一言不合就大打出手；她为了寻求价值感，可能故意拿出弟弟没有的东西刺激弟弟，以证明自己比弟弟强……久而久之，姐姐会变得敏感、易怒、自私，而弟弟则会娇气、自卑、不讲理……

这样的姐弟关系，是我们不愿意看见的。

不知道詹老师家里两个孩子的吵架模式是怎样的。整体而言，一个家庭一定要平等而有秩序。阿德勒、萨提亚等心理学家，都对孩子出生顺序有研究。在《妈妈觉醒，孩子幸福》一书里，作者陈航武老师认为：谁先来到这个家庭里，谁的地位就高（并非一般意义的地位高，而只是兄友弟恭的长幼顺序）。爷爷奶奶先来到这个家庭，爷爷奶奶地位最高；爸爸妈妈接着来到这个世界，爸爸妈妈地位其次；然后，姐姐哥哥来到这个家庭，姐姐哥哥地位就比弟弟妹妹地位高。

在一个家庭里，怎样体现哥哥姐姐地位比弟弟妹妹地位高呢？

比如在弟弟妹妹出生的时候，爸爸妈妈可以对亲戚朋友说：如果您要送给我的二宝一个礼物，必须给大宝也送一个，而且，二宝的礼物是让大宝先收下来保管的。再如，妈妈爸爸下班后，一走进家门，二宝往往会激动地扑上来。这时候，妈妈爸爸先不要和二宝玩，而是拉着二宝的手说："来，我们看看姐姐（或哥哥）在做什么……"先去和大宝聊几句，再和二宝玩。这样，大宝就会觉得，自己依然是家庭里的唯一。同时，可以让大宝参与到对二宝的付出中来。根据《爱的艺术》作者弗洛姆所说，我们爱一个人程度的深浅，不是在这个人身上得到的越多，爱得才越深，而是你为这个人付出得越多，爱得才越深。

朋友们不妨思索一下，为什么父母对子女的爱，往往比子女对父母的爱要深刻？因为父母付出得多；为什么一个班级在毕业的时候，班长对这个班级的感情最深？因为班长付出得多；为什么我们说金窝银窝不如自己的土窝？因为皇家公园再美丽，我们没有付出，便只有羡慕，没有爱。这个在心理学里叫"栽花效应"。也就是说，我们对自己养的花，格外有感情。其实，我们爱的不是这朵花，而是我们为这朵花的付出。

让大宝得到足够的重视，有了安全感之后，再让他参与到对二宝成长的付出中来，他会更加爱二宝。其实，他爱的也不是二宝，他爱的是自己对二宝的付出。

以前的家庭孩子多，父母没有时间教育孩子，都是兄弟姐妹相互教育的。对于孝敬长辈、努力学习、遵守纪律等概念，也许大宝做不到。但是他们在教育弟弟妹妹的时候，会说得头头是道。而且，当他们重复的次数多了，就会认可这一观点，否则他会很分裂。这也是他们自我成长的重要一环。

在家有二宝、三宝的家庭里，过分的平等也是不合适的。比如有的父母非常公平，给姐姐买什么玩具，一定要给妹妹也买一个同样的玩具；给姐姐买一本书，必须也给妹妹买一本书……这其实对妹妹是不公平的。因为妹妹年龄不到，妹妹不适合玩这个玩具或读这本书。过分的公平，会让妹妹觉得自己是姐姐的影子，永远活在姐姐的身后。姐姐倒是有了安全感和价值感，但妹妹会变得胆小、懦弱，这对妹妹的成长是不利的。

在多多老师提供的案例种，她的大宝4岁之前没有在父母身边，已经导致她缺乏安全感了，怎么来弥补？

父母只能在今后的日子里，给大宝一个"抱持性环境"。

所谓"抱持性环境"，就是在孩子成长过程中，父母会给孩子一种感觉：无论你好还是坏，我都稳稳当当地相信着你。你有了进步和成绩，我和你一起开心；你有了失败和挫折，我和你一起面对。即使在你最惨的时候，我也愿意承接和帮助你。这是每个未成熟的孩子都需要的一个很好的环境，是给予孩子安全感的最佳方式。

学后测评

1.简答题：若要兄友弟恭，最好的做法是什么？

2.案例分析：请分析下列案例，孩子问题的根源，文中女孩子那几个调皮的好朋友在女孩子生活中担任着什么角色？

亲戚家一个小姑娘，14岁，上初一，小时候留守在老家跟爷爷奶奶生活，后来爸妈发现她在老家跟几个调皮的女生玩，才把她带到爸妈经商的洛阳上学，但是小姑娘和弟弟关系极为恶劣。今年春节回老家后，弟弟发现那几个女生还来找她玩，告诉了妈妈，她妈妈对此很生气，打过她两次。然后，爸妈计划回洛阳复工的前一天晚上，小姑娘给家里留了一封信，偷偷跑出去了……

第三节　如何让"问题孩子"不再出现

王莉，家庭教育指导师，《中国教育报》特约评论员，著有《书香润童年》《陪伴的力量》《童年可以如此美好》。

李老师的课让我们懂得了如何让"兄友弟恭"成为可能。但是，我们也会发现，在多娃背景下，出现问题的往往是大宝。所以，这节课，我想继续和大家分享如何让大宝健康成长的问题。

下面我就先分享几个案例：

案例1：

李良找到我，说不得了了，家里要闹翻天了，哥哥把妹妹扔进了垃圾篓。我一听大惊失色，扔进了垃圾篓？还好只是垃圾篓而不是垃圾桶或垃圾堆。原来，6岁的哥哥对新来的妹妹一百个看不顺眼，处处找茬，常常趁爸爸妈妈没看见时偷偷捏一下妹妹的脸，打一下妹妹的屁股。爸爸妈妈一旦发现就不容分说大声呵斥，批评他多次也无效，这一次他居然把妹妹扔进了垃圾篓。

案例2：

刘勇家有一对兄弟，哥哥8岁，弟弟5岁，他来诉苦说家里成了战场，兄弟俩打架是常态。哥哥本来是极其温顺的一个孩子，在弟弟出生以前没和人打过架，在外面玩被小朋友欺负了也极少还手，爸爸妈妈还在担心他以后上学会被欺负呢，谁知弟弟的到来马上让温顺的哥哥变成了另一个人。一开始哥哥还只是在爸爸妈妈视线之外欺负弟弟，后来发展到经常和弟弟打架。这个弟弟不如哥哥小时候温顺，哥哥打他他马上还手。于是，兄弟俩三天两头打架，弄得家里鸡飞狗跳不得安宁。

案例3：

周莲是两个女孩的妈妈，她是在2015年二孩政策放开后生的妹妹，这一年姐姐已经7岁了。姐姐极其不适应这个妹妹剥夺了之前7年她独享父爱母爱的局面。自从妹妹来到家里，本来很温和的姐姐就变得暴躁起来。经常对妹妹大声吼叫，甚至恶语相向。周莲实在不理解，一个女孩子只有7岁怎么就能这么"恶毒"。怎么妹妹的出生，让姐姐就像变了一个人呢？

案例4：

张紫英是个幸运的妈妈，在2015年二孩政策放开之前她就"一步到位"，生了双胞胎，而且是龙凤胎。女孩比男孩先出生两分钟。姐弟俩给她巨大的满足感。孩子们3岁以前，当妈的虽然累一些，但是紫英觉得很满足很幸福。可是6岁以后，孩子们上小学开始，家里变得不太平。起因是妈妈老觉得弟弟比姐姐慢半拍，忍受不了弟弟的拖拉。姐姐都能每天早早起床，穿得漂漂亮亮去上学，弟弟却要三请四催才起床，吃个饭要半天，常常搞得大家迟到。越这样妈妈就越批评弟弟，表扬姐姐。久而久之孪生姐弟间的关系变得剑拔弩张起来，姐姐学妈妈的口气指责弟弟，弟弟变得极其敏感，一点小事也能大发雷霆。

案例5：

赖川是目前来向我咨询的孩子年龄最大也最高龄的二孩爸爸，自己40岁了，两个男孩18岁，是一对双胞胎。他说两个孩子明明是双胞胎，却一点儿也不相像。弟弟爱学习，听话；哥哥学习不用功，还批评不得。赖川也承认自己的教育方式简单粗暴，从小对哥哥没少打骂，却毫无效果。现在弟弟考上了好大学，哥哥却只在一个普通职高混着。最近赖川给哥哥找了个地方铁路的铁饭碗，哥哥就是不愿意去，自己跑去北京找工作。爸爸妈妈给他打电话也不接了。而兄弟间因为巨大落差而长期有矛盾，现在已经互不说话了。

这几个案例都是身边切实发生的真实案例，在很多爸妈的潜意识里大宝小宝相亲相爱是理所当然的事情，大宝就应该爱小宝，就像我们那个年代，家里的哥哥姐姐不仅要爱弟弟妹妹，还要对弟弟妹妹负全责，帮他们辅导作业，供他们上学，甚至在父母亲年迈时要"长兄如父""长姐如母"地给弟弟妹妹找对象、买房子……这样的帮助、照顾和我国长期传统文化下的"长兄如父""长姐如母"的家庭关系是密切相关的。

来我这里咨询的朋友里，就有人向我讲述了这样的事情：自己是家中老大，从小就照顾弟弟妹妹。可是现在自己老了，弟弟妹妹还在啃他这个大哥，把他当爸爸一样索取无度。而弟弟妹妹也被他宠坏了，30多岁了还不自立。

现在不是"长兄如父""长姐如母"的农业时代了。二娃家庭里的两个孩子是分别独立的个体，爸爸妈妈也不能要求大宝就要爱小宝，就要对小宝好。家里添丁当然高兴，但是高兴的是爸爸妈妈，是你们多了一个孩子——对哥哥姐姐而言，却是多了一个竞争对手，多了一个抢夺他原有资源——爱、时间、金钱、空间、玩具等的竞争对手。要求孩子必须去爱他的对手是没有道理，也没有效果的。

所以，大宝小宝相亲相爱并非理所当然，这里面很重要的一点是——多娃家庭要关注大宝的感受。

一、要关注大宝的感受

在多娃家庭里，家长不自觉地就会偏向弟弟妹妹，要求大哥大姐多让一让弟弟妹妹——这恰恰是同胞矛盾的根源。我的观点与此相反，在多娃家庭家长要充分关注大宝的感受，就以我家的情况来举例说明吧。

我家有两个娃——俊哥和俊弟。俊弟两个月大时的一天晚上,俊弟睡了,我带俊哥读书,读一本有关朋友、友谊的书。读着读着我和俊哥聊起各自的朋友,我对俊哥的朋友如数家珍,他的每一个朋友我都熟悉,并且我也向俊哥表示我喜欢他的朋友们。

然后我问俊哥:"你最喜欢妈妈的哪个朋友?"俊哥说最喜欢橙子阿姨。

我有点诧异,我以为俊哥会喜欢我和他爸爸的男性朋友,因为之前他都是喜欢"男性公民",喜欢和爸爸妈妈的男性朋友玩,他自己说"因为我是男人,男子汉"。可是这次,俊哥为什么说最喜欢橙子阿姨呢?我问俊哥原因。

俊哥很认真地说:"妈妈你看啊,弟弟出生以来,这么多人来看弟弟,谁来看我啊?只有橙子阿姨,她那天来咱们家带来了两个礼包,一进门就给我一个,还说,这是专门给俊哥准备的礼物!你知道我当时多高兴吗?其他人都是喜新厌旧,都只喜欢新出生的弟弟,都把我忘记了!"

这是8岁的俊哥说的一番话,是小朋友的真心话,又有小大人的口吻。一番话深深地触动了我。俊哥是多么害怕弟弟出生后他自己被忽略、被冷落啊!而弟弟出生这两个月来,我们难道不是只围着弟弟转,而真的差点把他忘记了吗?

他只是像往常一样唱歌,我们却说他故意大吼大叫吵弟弟;

他只是像往常一样踢球,我们却说他没有爱心,吓着弟弟了;

他只是像往常一样想买玩具,我们却说他这么大了还玩什么玩具;

他只是像往常一样想要我带他读书,我们却说他这么大了怎么还要我们陪读;

他只是像往常一样想要爸爸带他玩,我们却说他这么大了怎么一点儿也不体贴爸爸妈妈；

……

我们岂止是忽略他、冷落他，简直是在指责他、误解他。我们完全忘了他还只是个孩子，他有权利在家唱歌玩耍，有权利要求爸爸妈妈陪伴他。他没有错，错的是我们！

我深深地感到内疚，突然发现弟弟出生这两个月来，俊哥承受了很大的心理压力。可怜的孩子，他并不能及时有效地识别自己的情绪变化，更无法清晰准确地表达自己的委屈。难怪这两个月来他的脾气有点大，有时一点小事也会莫名其妙地生气或哭闹。我们却还数落他："长这么大了，都当哥哥了还哭，还生气！"现在想想我们真是过分啊！俊哥明明只是个8岁的孩子，怎么就不能哭了？谁说当哥哥了就不能生气了？

对大宝来说，家里突然多了弟弟或妹妹，他的地位立马被取而代之。之前的世界完全变了，他却只能懵懵懂懂地看着，却不知道自己做错了什么，也无法用语言、哭诉把心中的委屈说出来。可怜的大宝，爸爸妈妈冷落了你，误解了你，都不知道小宝出生后的这些日子你经历了什么，承受了什么！想到这，我突然感觉好心疼，同时也开始反省和改变。我就告诉自己——凡事要想着大宝。

二、凡事要想着大宝

自从俊哥说最喜欢橙子阿姨并说明原因之后，我们就特别注意，买礼物时一定给俊哥也买一份，不在于花钱多少，而在于让哥哥感觉自己"也有份"，"东西不分大小、好坏，人人平等"。

带俊弟出去晒太阳时，我们会问俊哥要不要一起去，俊哥总是兴致勃勃地说"好勒"，然后兴高采烈地跟着我们出去玩。在小区里遇到邻居朋友,俊哥还会很自豪地说:"你看,这是我弟弟!"听到这话,我心里也满溢着幸福!

给弟弟买用品时,我们会主动征询俊哥的意见,让他参与到家庭事务中来,尽可能地尊重他的选择。俊哥很享受这种被尊重的感觉。孩子的感觉好了,状态就好了。孩子的状态好了,家庭的氛围也就好了。

其实,"凡事要想着大宝"并不需要花太多时间、金钱或精力,只需要爸爸妈妈多花一点心思,关照大宝的情绪,照顾大宝的感受,让大宝感觉到被尊重、被体贴,而没有被忽略、被冷落、被误解,他的情绪就不会郁结,状态就会很好。

只是想着大宝,可能还是不够,因为小宝的出生,在大宝的意识里还有"失去"了他认为本来属于他的东西。所以,这就需要——单独给大宝留一个三人空间。

三、单独给大宝留一个三人空间

小宝出生后,大宝其实会时常怀念以前独享父爱母爱的时光。但是,一些孩子为了掩饰自己,或为了不被人误解为自私,通常不敢大胆说出自己怀念以前独享父爱母爱时光这样的真心话。其实这种怀念没有错,既不自私也不令人讨厌,相反,这是大宝珍视父爱母爱、喜欢爸爸妈妈的表现。所以,家有二宝以后,我们仍然要单独留一点空间给大宝,让他享受三人世界的美好,回味一下爸爸妈妈只和自己在一起的快乐时光,这对大宝是个很好的安抚。

自那天晚上和俊哥聊天之后,我们开始创造条件,找合适的时间,把小宝留在家里,让老人照看,只带大宝出去玩,比如去看一场电影、去图书馆、去理发等,做一些小宝出生以前我们经常带大宝做的事情。每每这时，俊哥都会很兴奋，他心里知道，又可以独享一会儿爸爸妈妈的爱了。

我们仨在一起，有说有笑。俊哥就像很小的时候那样，拉着爸爸妈妈的手，很享受三人世界。小区里遇到朋友，俊哥会大声说："我弟弟在睡觉，我爸爸妈妈带我去看电影！"他仿佛要向全世界证明：我爸爸妈妈还是和以前一样爱我哦！

是啊，我们对大宝的爱并没有变，虽然我们的生活变了。小宝的到来让我们变得忙碌、劳累，有时会忘了大宝还是个孩子。我们需要不断地提醒自己，大宝也还是个孩子。想想以前，大宝刚出生时，集万般宠爱于一身。现在有了小宝，我们依然要一视同仁爱大宝。爸爸妈妈心里有大宝，大宝也感受到了爸爸妈妈充盈的爱。我们发现，当我们在百忙之中抽出一点时间、留出一点心思想着大宝，这不仅不会影响我们照顾小宝，相反，还会让大宝成为你的小帮手，对弟弟妹妹倾注满满的爱。当我们心中有大宝，在小宝出生后仍然常常为大宝着想、考虑，大宝就会感受到爸爸妈妈"不变的爱"——不因小宝出生而改变的爱，就不会对小宝心生妒忌和不满，就会和弟弟妹妹融洽相处，当大宝的状态变好了，他对小宝的爱也会像潺潺流水一般汩汩而出。慢慢地，大宝小宝就会和谐共处，这也正是我们最想看到的画面、最想要的幸福。

最后还要分享一个我认为很重要的心得：爸爸妈妈要学习，孩子们也要学习和实践。大宝的感受首先要被家长"看见"，家长尤其要多关注家里先来的那个孩子——大宝的感受。先把大宝安抚好了，大宝才有足够的"爱"去给小宝，俩娃和谐相处就水到渠成了。如此这般，同胞关系和谐了，亲子关系也会更加和谐。一家人相亲相爱，何其幸福！

第四讲 "严慈相济"远非那么简单

叶梓，高级家庭教育指导师，《中国教师报》"当代教育家"推介名师，家庭教育与教师专业发展研究员。

大家知道，在我国传统文化背景下，人们在与外人讲话时，对自己的父亲一般可称为家严或简称为"严"；对自己的母亲一般可称为家慈或简称为慈。由此，很多朋友会误认为"严慈相济"就应该是父亲严格，而母亲慈爱。其实，二者是没有严格分工的。真正的"严慈相济"是指家庭教育中的严慈相济，既指父母亲的相互配合，又指严格要求与慈爱的相互交融。中国家庭教育的传统思想，在漫长的历史长河中为我们留下了繁若星辰的成功案例。所以，新时代很多家庭也自然而然地继承着这种教育思想。只是，实践过程中，诸多的挑战也随之而出。所以，今天我们讨论的话题是：家庭教育远非"严慈相济"这么简单。我们有必要多一些科学的指导，让传统与科学更好地交融。

那么，在科学指导下的"严慈相济"应该具有怎样的特点呢？

我们认为，下面四点是需要我们注意的。

一、情要定

"情定"是说在教育孩子过程中，家长要保持情绪的稳定、情感的温度。不能因孩子的"突发行为"而情绪失控，不能严而出格，慈而无序。如果家长"慈"的时候如春风化雨，"严"的时候如晴天惊雷，那么孩子就会处于冰火两重天来回摆动的境况之中。这样的家庭教育背景下，孩子很难有健康的心理和稳定的情绪。所以，"情定"是严慈相济的首要前提。

那么，如何才能做到"情定"呢？

和善与坚定并行！这是简·尼尔森《正面管教》中提到的两大原则之一。"和善"而"坚定"，其本质就是坚定地和善，无论面对孩子怎样的情况，这是做到"情定"的法宝。

其实，人的成长就是一个不断试错的过程。这个过程中，孩子在试错，家长也在试错。因为孩子所走的每一步对他而言都是前所未有的空白，父母也是在前所未有地做着家庭教育工作。这个过程中，坚定地和善就显得尤为重要。基于"试错"和"坚定和善"的统一，在实际生活中，我们作为家长要明白以下两点。

1.要尊重孩子的年龄和天性

例如2岁的孩子，尤其是男孩，具有强烈的"叛逆"意识，凡事都喜欢说"不"。此时不尊重年龄的"严"可能是对孩子的伤害。当然，不少家长会认为，2岁是立规矩的重要时期，严是很有必要的。各位不要忘记"叛逆"是此时孩子的天性，教育是不能违背天性来实施的。习惯培养是影响和引导的结果，而不是严格要求的结果。因为此年龄阶段的孩子还有一个特点：他看到的，就是他认为的，也就是说，他看到什么，就是他认为的结论，也将是他行动的"指导"。

2.要尊重孩子的情绪和需求

如果能够很好地控制自己的情绪，就不是孩子所能做到的了。所以，很多孩子的"出格"行为，与习惯和品行无关，只是特殊情况下的情绪呈现而已，是特殊情况下的"即时"需要。此时，家长需要给予孩子充分的尊重,而不能用"严"来约束。

上述两种"尊重"如果在教育孩子的过程中得到很好落实,才是真正的"慈"。如此,孩子就能感受到父母的"和善",而且是坚定地感受到。这是一个孩子形成健康心理的关键因素。

二、规要宽

这里所谓的"规",指常规。很多家长并不明白"常规"和"规则"的区别,总是把二者混为一谈,笼统地把孩子需要遵守的规则和生活习惯合而为一。孩子一生中需要尊重的规则和需要培养的习惯有很多很多,倘如此,孩子就会感觉到一直被要求、被管束,"无往不在枷锁之中",但"人生而自由"。"生而自由"的向往和"无往不在"的枷锁之间形成强烈的冲突,就会让"严"变成没有底线的束缚,势必会影响孩子将来的发展。

所以,有必要明确"常规"和"规则"的区别。"常规"是指日常行为中应该具有的行为基准。"应该"是其基本性质,是日常习惯的阶段代名词,它是不需要严格遵守的,而是需要反复训练的。例如"吃饭之前要洗手",这就是一条常规,它需要对孩子进行反复的提醒和训练,直到形成习惯为止。根据行为心理学原理,一种习惯的完全形成至少需要90天时间,且这90天是不间断地训练同一种技能。这就要求家长需要足够的耐心。如果此时家长非要用"严"来要求孩子,那么孩子就会处于一直的管束之中,渐渐地会造成心理的不健康。

所以,对于要养成习惯的"常规",家长们一定要宽。宽是明确规则与常规之后的选择性培养,是明确科学教育之后的耐心与坚定。唯有如此,孩子才既能形成好习惯,又不至于在过严的环境里扭曲自己,从而培养出懂规矩又心理健康的孩子。

三、则要严

则，即规则。上文提到"常规"和"规则"不同。那么，"规则"有什么特点呢？规则是规定和调节相对而言严重的不当行为的，其目的是防止孩子的严重过失。一旦规则被打破，就必须对其实行严厉的惩罚。所以，在规则之后，一定要附上比较详细的违反这一规则的相应惩罚措施。

但是，这些规则和相应的惩罚措施，不应该是家长制定后强加给孩子单方面遵守的。"正面管教"第二条原则就是"让孩子参与到决策中来"。只有孩子参与决策他们才会在心理上感受到被尊重，才愿意遵守。具体而言，规则需要遵守以下几个原则——

1. 共同决策

个体心理学之父阿德勒说过："孩子的首要目的是追求价值感和归属感。"参与家庭规则制订，是家庭成员平等的体现，是孩子归属感的体现；而决策结果也是孩子意志的体现，是其价值感的满足。"两感"满足是家庭和谐孩子健康的重要保障。何况，如咱们前面所提到的，人成长的过程就是不断试错的过程——孩子在试错，家长也在试错。而参与家庭规则制订的过程就是自我明确发展方向和成长目标的过程。

2. 节奏出炉

不少家庭制订家庭规则时，会制订很多条。殊不知，正是因为"很多条"存在，才导致了规则成摆设。如俗语所说"虱子多了不痒，债多了不愁"一样，规则多了，效果就会大打折扣。科学的规则呈现方式应该是节奏出炉，也就是说按照一定的节奏逐次出炉。假设您的家庭规则有10条，最好不要10条一下子出炉。您可以选择先出炉一、二两条。如果其中一条例如第2条得到了落实，就可以出炉第3条规则了。这样，呈现在家庭成员面前的依然是两条，只不过变成了一、三两条。如此，按照节奏出炉，最后总数还是10条，但对于家庭成员的心理感受来说就是两条。从而容易遵守，在日常生活中也容易落实，也有利于提升家庭教育的"育人"效果。

3.共同遵守

规则的建立，需要父母和孩子都能遵守，父母也要以身作则。这点在很多家庭里是很难落实的。因为有的父母放不下面子和孩子一起遵守。当然也有家长没有意识到"共同遵守"的重要。因为不少家长会觉得家庭教育是父母对孩子的教育。殊不知，家庭教育从来都是亲子共同成长的过程。父母不断成长，不断提升自己的行事能力和对孩子的教育能力，孩子也因为父母的改变而获得更好的成长。

四、行要对

行要对是说在实施家庭教育过程中，我们要把事情做对。不少朋友会反问：严慈相济，施行时还有不对吗？不能说不对，只是，如果我们科学行事，效果会更好而已。因为在中国传统家庭教育理念中，"严慈"相济一般与"父严母慈"相当。一般而言，父亲担负的是"严"的角色，而母亲担负的是"慈"的角色。但，这不一定是最合适的分配模式。在日本经济学家中室牧子在大数据统计背景下写就的《学力经济学》一书中，关于父母陪孩子学习这一问题上有这样两个图表：

父亲的参与

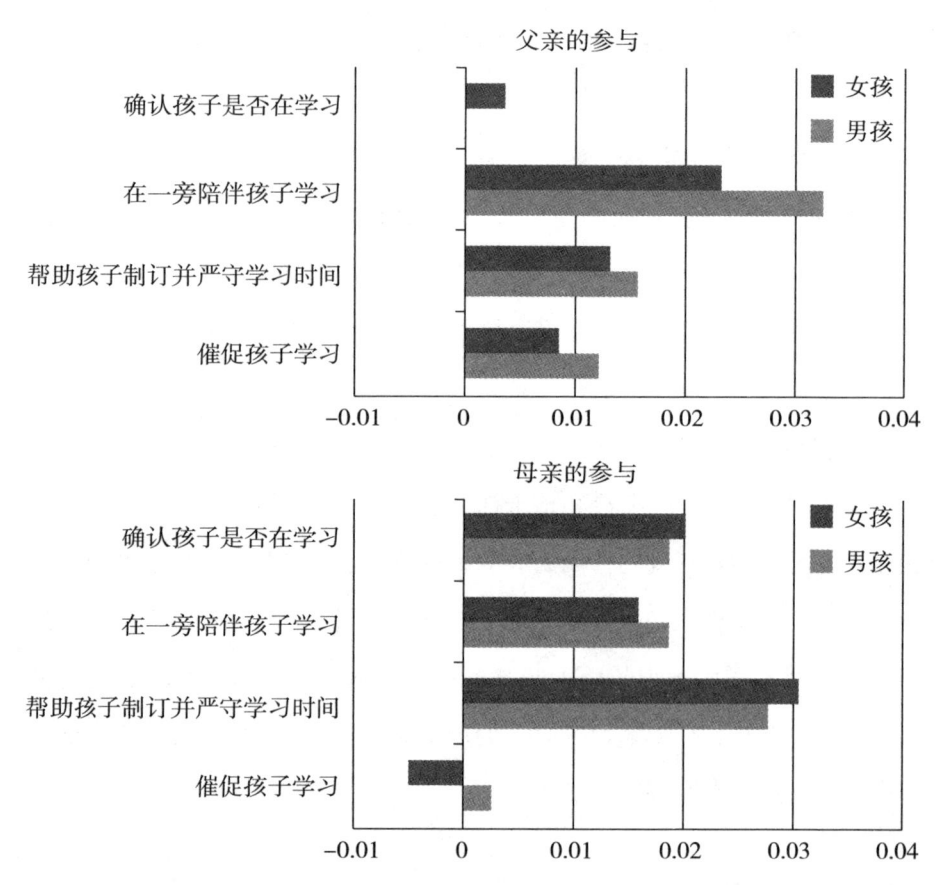

	女孩	男孩
确认孩子是否在学习		
在一旁陪伴孩子学习		
帮助孩子制订并严守学习时间		
催促孩子学习		

-0.01　　0　　0.01　　0.02　　0.03　　0.04

母亲的参与

	女孩	男孩
确认孩子是否在学习		
在一旁陪伴孩子学习		
帮助孩子制订并严守学习时间		
催促孩子学习		

-0.01　　0　　0.01　　0.02　　0.03　　0.04

如果我们把对孩子的态度划分成"严""严+""慈""慈+"4个等级的话，表中4个调查项目约等于如下表：

严	确认孩子是否在学习
严+	催促孩子学习
慈	帮助孩子制订并严守学习时间
慈+	在一旁陪伴孩子学习

再分析中室牧子的图表，我们会得出如下结论：

（1）在"严"方面，母"严"比父"严"效果明显；且父亲"严"对男孩几乎不起作用。

（2）在"严+"方面，父亲的作用比较明显，尤其对男孩；但母亲对女孩严厉会起反作用。

（3）在"慈"方面，母亲的作用要优于父亲。

（4）在"慈+"方面，父亲的作用明显优于母亲，尤其对男孩。

从上述结论中，朋友们能感受到，父母的分工不是简单地等同于"父严母慈"，而是和"严""慈"程度以及孩子的性别相关。所以，要在具体施行过程中尊重科学，"行对"才能有更好的教育效果。

相信在继承我们传统家庭教育理念的同时，如果能与新时代的教育科学相结合，有理由相信传统家教的精华一定会绽放出更美丽的时代之花。

学后测评

1.简答题：常规和规则的区别是什么？

2.简答题：你能举例说明，什么是规则的节奏出炉吗？

3.简答题：你能说说"科学指导下的'严慈相济'"具有哪些特点吗？

第五讲　爸爸的有效沟通影响孩子的未来

第一节　智慧爸爸的聊天魔法

叶梓，高级家庭教育指导师，《中国教师报》"当代教育家"推介名师，家庭教育与教师专业发展研究员。

和其他家庭教育课程不同的是，汇智云亭教育研究院的课程有"经典荐读"栏目设计，而且这些书籍都是经过研究院家庭教育专家认真研究过的"好书"。今天我将和大家一起学习日本知名教育专家清水克彦的《智慧爸爸的聊天魔法》，希望我的分享能让您在阅读本书时有更多收获。

我们都知道，"家庭教育"四个字，其核心根本不在于如何"教育"孩子，而在于"家庭"关系的构建。家庭关系好了，孩子的归属感和价值感都能够得到很好的满足，孩子就会身心健康，就会"根正苗红"，就会有积极向上的动力。反之，则会问题重重。那么，构建良好的家庭关系就应该是重中之重。各位也都知道，"关系"的构建，首要的一定是"沟通"，如果没有良好的沟通，关系就很难和谐而美好。所以，这本《智慧爸爸的聊天魔法》就有向各位推荐的必要了。推荐这本书的第二个原因是，和很多家庭教育的书籍不同的是，这本书不是个人家庭教育的总结，也不是案例分析的集子，而是在大数据实证基础上的分析。为写这本书，清水克彦连续多年走访了那些考上首都圈或者关西圈有名中学的孩子们，在对他们进行访谈和分析基础上写就的，相对而言，具有科学性，也是被实践证明了的。第三个原因是它没有多少"专业术语",是普通读者都能读懂并拿来实践的。

下面进入对本书内容的具体介绍。

各位,您是不是遇到过这样的问题:您很想和孩子进行沟通,但是,孩子根本就不愿意和您说话?您是不是很郁闷:这孩子怎么就这样呢?在《智慧爸爸的聊天魔法》中清水克彦告诉我们:"想要将自家的孩子培养成聪明的孩子,对于一位父亲来说,重要的是每天至少要和孩子进行30分钟以上的对话。"孩子连口都不开,何谈30分钟以上啊!

所以,如何让孩子开口是沟通的第一步。

那么如何让孩子开口呢?清水克彦告诉我们可以这样做——从问"你今天在食堂吃了什么"开始。为什么要这么做呢?我们都知道,没有任何一个孩子喜欢家长一进门就主动问学习情况。如果一个家长真的就这么做了,日子一长,孩子就会认为"我的父母眼睛里只有分数分数分数,没有我这个人"。这种判断一旦形成,对后续的家庭教育会带来极大困难。当然,久而久之,孩子也真的不愿意开口了。

和各位分享一个真实的案例:

小杰,17岁,高二学生。从初二开始,下午放学一进家门就躲进自己房间。父母喊叫吃晚饭,他就匆匆从房间里走出来,不言不语,盛碗米饭,夹一些菜放在米饭上,然后端碗进房间。

大家可能觉得这个孩子性格孤僻,有问题。当时的他,但他的妈妈告诉我,小时候这孩子很开朗、很懂事。就是到了初二,可能是青春期吧,突然就不理父母了。当时我是小杰的班主任,经过多次书面交流我才了解到事情的真相。原来小杰的父母来自安徽农村,靠打工在长三角买了个房子。打工的辛苦使得小杰父母特别想让孩子读出成绩,加上家里的舅舅是名校大学生，更让小杰的父母内心生出了攀比意识。所以，只要一回到家，就是问这问那，且这些"这那"关乎的都是学习学习学习。久而久之，小杰就再也不想说话，因为在父母过度的关心下，任何学习上的不足都让他觉得自己在犯罪。

而如果像清水克彦所提到的，从问"你今天在食堂吃了什么"开始。您问出这个问题，孩子自然是有话可说。可以是分享美食的兴奋，也可以是对某个菜的吐槽，您只需跟着孩子的情绪或兴奋或吐槽就是了。这个时候，只要您不用"饭菜总有好坏，什么都得吃点儿"来教育孩子，他就会愿意和您聊天。聊着聊着就开辟了一片天地。因为此刻您也可以说说公司食堂的事情，也可以说说其他好玩的事情。

说起说事情。想起了前几天某博士生导师给我讲他和他儿子的事情——

我和儿子的关系特别好，有一个很重要的事情我们一直坚持做，那就是我们父子俩会一起洗澡。小时候我们抚摸孩子的小身子，逗他呵呵笑。现在孩子大了些，我们会相互按摩、搓背。而这种"赤诚相见"我觉得就是父子沟通的最重要的前提。

清水克彦先生也提到邀请儿子一起洗个澡吧。当一起洗澡成了习惯的时候，父子之间确实能够"赤诚相见"了，而常常的"赤诚相见"不就是亲子之间最重要的沟通吗？如此，亲子之间的沟通障碍不就消解了吗？让孩子开口不是难事，而是生活中的自然而然。

至于让孩子开口的更多方法，读过此书的您一定知晓更多，也感触更深。

如果您没有读过此书，到此，可能会有学员朋友问我：那沟通的第二步是什么？其实我们在谈论的是沟通这件事情，而不是某个沟通案例。如果是一个沟通案例，可以分第一步、第二步以至第N步。我们谈的是沟通这件事情，要做的就是孩子一旦愿意开口和我们沟通之后，我们要明白沟通的首要目的是什么。

接下来这本书给了我们做家长的最关注的内容之一——给予孩子成长的力量。这是亲子沟通的首要目的。

领导力专家王明基先生说:"让孩子优秀起来的最好方法是让他感受到自己可以不断向好。"在方法和向上力量之间,对于大多数孩子来说,力量是第一位的。人一旦拥有了不断向上的力量,就具备了可持续发展的能量。

这部分内容主要集中在第二章和第四章,也就是说,您在阅读本书的时候,是可以先跳过去第三章来阅读的。

清水克彦采访完那些考上首都圈名校孩子的家庭之后,深刻地感受到"教育孩子的百分之九十应该是夸奖"!各位注意,百分之九十!在现实中,不少家长会觉得,孩子有些不足,总该指出来吧?说到这里,请允许我讲一个真实的故事:

一次和妻子聊天,她问:"你有没有想过,同样的行为,你可以对小宝微微一笑甚至还会夸奖小宝聪明?而同样的行为对大宝你却是大发雷霆?"我回答:"因为大宝大了,他应该懂事了,应该对自己的行为负责了。"妻子说,其实你错了,没有哪个孩子愿意去犯错,而在于父母面对孩子的心态产生了变化。当孩子是个婴孩的时候,你把他当作孩子,是用一种包容和欣赏的眼光来看;而当他长大了一些之后,你不再把他当作孩子了,是用一种严厉和批评的眼光来看。

那件事情对我的触动很大。是啊,如果我们用对待"孩子"的眼光来看问题孩子的时候,无论他长多大,在你的眼睛里他都是孩子,你就可以包容不足;在你的眼里他有很多优点,你就可以不断为孩子点赞。

优秀的父母一定懂得用"百分之九十"的夸奖,让孩子获得成长的动力。

但是，如何夸奖呢？我们知道，如果夸奖的时机不对、语气语调不对、表达方式不对、程度把握不当等，都可能会适得其反。这个时候，夸奖的艺术就显得特别重要。仅举书中一个例子来说明"艺术"的重要性——

面对孩子的成绩提升，可能会有两种夸奖方式：

A."我听你妈说你这次考试成绩又提高了，你真是太棒了。下次考试也要加油哦！"

B."我听你妈说你这次考试成绩又提高了，这肯定是因为你每天早上不畏寒冷地早起，坚持做一些算术和汉字的练习题。爸爸觉得你这种坚持十分难能可贵。"

大家可以明显地看到两种表达方式的区别。一个是笼统地夸奖成绩的进步，只是说"太棒了"。而后面补充的一句"下次考试也要加油哦"就会在很大程度上打消孩子因这次夸奖带来的喜悦。因为这种表达方式如果长期说，会让孩子感觉"优秀"是个无底洞。不但不会让孩子持续追求优秀，反而会引起孩子的反感。而B这种表达方式，不但夸奖了成绩的提高，而且对成绩提高的原因进行了推测：因为你不畏严寒，因为你坚持练习。这两个"因为"背后是一种难能可贵的"坚持精神"。这种表象，不但可以让孩子感受到成绩获得喜悦，还可以持续孩子的好品质，给优秀成为继续优秀的力量。

即使有孩子成绩下滑了，也可以采取企业界上司"批评"下属的基本流程来给予力量。基本流程如下：

"先听他说一说到底哪儿做得不好，让他思考一下当时应该怎么做才好"→"给他一个作为过来人的建议"→"再用一些表扬或鼓励的话语来帮他重拾自信"

在家庭教育中，您不妨把它运用一下。当然，但愿您的孩子成绩不下滑，用不着这个流程最好。

更多的方法，您去阅读此书吧。倘您的阅读能够让孩子拥有可持续前行的力量，我这里推荐此书，就值得了。

到此，可能不少学员朋友会问：有了动力，有时候也会蛮干，因为很多时候，学业成绩的提升是需要方法的。如果我说《智慧爸爸的聊天魔法》里，还有一种"能提高孩子成绩的说话方式"，您是不是很兴奋？

如果说第二章、第四章给您的是给予孩子动力的方法，那么第三章介绍的就是帮您提升孩子学业成绩的方法。

如果孩子拎着一张成绩不怎么样的试卷回家，这样的场景会不会特别熟悉：

A."你到底用心学了吗""你每天到底在干什么"。

B.一次考差，不是多大事儿，下次继续努力就是了。

情境A您肯定明白对孩子没有什么帮助，但是很多不理智的家长就这么做着。如果您能控制自己的情绪，肯定会明白这种做法不妥。但对于B这种做法，可能很多家长在做，只是尚未意识到有什么不妥，还可能会自以为是地认为帮助孩子舒缓情绪。如果您在单位犯错了，突然老板又对你说"不是多大事儿"，而且老板经常这么对你说，你会是怎样的心理？是因为老板的宽容而改正错误还是因为老板的屡次宽容让您觉得犯错无所谓？应该是后者吧（当然，前者也有）。如果您经常用B这种表达方式对待考差的孩子，他会不会也从此认为"父母都不在乎成绩，我还担心啥呢"？如果这种心理一旦产生，让成绩回升将会"难于上青天"。

这部分内容本人最感兴趣的是，如何提升孩子的数学成绩。如果您的孩子数学成绩不好，您会不会有以下两种选择中的之一——

（1）买大量练习题，让孩子去刷题。

（2）把孩子送进补习班，进行课外补习。

如果您选择了其中之一，或者二者都选择了，孩子的成绩有没有得到提升？或许有，但不会太理想。记得我曾经带过一个高二的班级，150分数学，平均分不到40分。就这个班级的孩子，如果你给他们上高二的内容，他们会懂吗？所以，我就和数学老师商量，从初三的内容开始学起。各位可以想象，再差的高二学生，做初三的题目还是很轻松的。就这样，孩子们在一点点补上基础，又一点点提升了自信。到高三时候，数学成绩还真不差。

清水克彦先生，在本书中提到了几乎一样的提升数学成绩的做法——

我经常会从那些父亲是高学历的家庭中，听到母亲抱怨自家孩子不擅长算术的话。虽然会经常给孩子买一些问题集让他（她）做，或者让孩子去私塾补课，但是由于孩子的内心中，不擅长算术这件事已经先入为主了，所以即使父母再怎么努力，只会引来孩子的反感。所以，此处我的推荐是，如果孩子正上小学五年级，那不妨让孩子做一些四年级的题目，首先一定要让孩子感觉到"我能行"。

"你看，你这不是会做嘛。再来看看这道题怎么样？"

只要像这样，一边鼓励孩子，一边提升题目的难度就好了。

怎样？很多时候，不是能力问题，而是您有没有找到提升成绩的点。

所以，优秀的家长，一定懂得通过自己的言语、行为，让孩子找到前行的方向或者力量。

本书最后一章，谈的是培养孩子高尚品格的12个沟通技巧。这也是我这里推介本书的重要原因之一。再好的成绩，再强的动力，如果没有高尚品格做底色，都算不上完美的教育。为了让咱的孩子完美，这12个技巧值得一读。

到此，本书的基本内容介绍完毕，不知各位有没有注意到，我在介绍时并未强调"爸爸"二字。原因有二：一是因为本书名《智慧爸爸的聊天魔法》有点噱头的意思。其实，这本书，父母皆宜；二是父亲的重要性以及亲子间如何让爱发芽，后续会有别的讲师讲给我们听。

总之，良好的沟通，的确会影响孩子的未来，但愿本书能让您的沟通良好，让孩子的未来美好。

学后测评

1.简答题：您怎么理解"'家庭教育'核心不在'教育'，而在'家庭'"？

2.分析探究：

"你在学校一般和谁玩得比较多？"

"你感觉你现在的老师怎么样？你最喜欢的是什么老师？"

这样的话，您认为在怎样的背景下聊会比较合适？

3.思考题：让孩子能够获得自信的表达语您可以说几句吗？（不少于3句）

第二节　理想爸爸应具有的特征

顾声威，盐城市教坛新秀，中学一级教师，盐城市市直教育系统优秀团干，盐城市初中政治教学基本功大赛一等奖获得者。

如何以有效的方式来实现父子间有效沟通，为孩子的健康成长营造一个更加和谐的环境？

我们知道，社会赋予父亲的性别角色影响着他与母亲通常会采用不同的教育方式、性格培养方式及发展期望。稍不注意，在亲子沟通的过程中父亲的沟通模式就有可能受其自身性格、职业等方面的影响，要么演变为绝对权威的专制型沟通模式，要么演变为在沟通中反映冷淡的冷漠型沟通模式，或者变为凡事几乎依着子女意见的溺爱型沟通模式。这些模式最终对孩子的可持续成长都是弊大于利的。

下面我们一起来看几个案例：

案例1：

小A和父亲的关系一直不是很好，父亲这个人很严厉，而且家长作风严重，总想自己说了算，而且从他嘴里说出的话从来听不到多少和缓的语气，总是在挑小A的毛病。所以除了母亲，小A和妹妹都对他敬而远之。只是偶尔有过心平气和的沟通，大部分时间父亲的表现还是老样子，说出来的都是一些鸡毛蒜皮的小事，经常为了这样的事训斥小A和妹妹。

案例2：

小B认为父爱与母爱的细腻、温柔不同，父爱是严肃的、刚强的、无言的。上小学时，有一次小B坐公交车坐过了站，差点迷路。最后，在费尽周折回到家时，她看到父亲那双焦急的眼睛，才知道自己对父亲来说有多么重要。但最近又因为周末看电视跟爸爸发生了一场"战争"。她抱怨道："一周看电视不超过3小时，周六、周日又有各种压得我喘不过气来的作业，只能不停地复习。爸爸一定是把我当作机器人了！"

案例3：

小C觉得儿时的父亲无所不能。修理电视机、电风扇、各类电器。别人家孩子买各种新鲜玩具，父亲总能用一双巧手用粗糙的材料做出各种玩具。在羡慕别人光鲜玩具的同时，也会收获别人新奇的目光，然而快乐的童年是短暂的。小C小学考初中成绩不错，但初中住校开始不适应，第一学期考试成绩不佳。父亲的脸上看不到笑容，言语也变得刺耳，与父亲的交流减少，产生隔阂，逐渐成为了父亲眼中不争气的孩子。

从上面三个案例，我们发现，在日常生活中父亲表现的都是既关注孩子，又不想太多地表现出与孩子的平等交流，权威似乎需要在"父亲"这个词上得到一定程度的发挥。

那么，三对父子之间既有个性又有共性的沟通方式到底出现了什么问题？为什么会产生父子沟通不畅而影响孩子健康成长的情况？如何才能真正发挥出父亲的有效沟通在家庭教育中的作用？今天，我会从父亲角色的有效定位和父子有效语言沟通的方法两个角度进行分析。只有这样，我们才能真正解决上面的问题。

有心理学家指出，在孩子12岁之前，往往会把父亲当作自己的偶像。孩子对父亲往往有一种强烈的崇拜之情，把父亲当成智慧和力量的象征。父亲的格局往往决定着孩子未来能抵达的高度，在父爱中长大的孩子，会有很强的安全感，自信阳光，敢于尝试，敢于突破，往往有着更高的上限。

因此在孩子的成长过程中，我认为理想中父亲角色的定位，应该具有以下三个特征：

1.具有威严却又善解人意

在我们的印象中，父亲总是威严的，这本身与家庭教育是不矛盾的。但由于在孩子的成长中父亲在教育中的角色是缺失的，在教育的过程中，不可避免地就会导致母亲失去很多温柔和耐心，在一定程度上还要扮演父亲的角色，因此，在家庭教育中，母亲严厉有加的不在少数。作为父亲，在为数不多的参与家庭教育的过程中，不仅要学会疼爱孩子，更要能在与孩子积极沟通的过程中，让孩子理解母亲的良苦用心。

例如，孩子在父亲回家后向父亲倾诉妈妈的教育方式不对时，父亲要处在中立的立场做好劝导工作，让孩子能明白为什么妈妈会采用这种方式，解释当时情况下妈妈的心情和想法，更重要的是说明妈妈心中的爱。在这种情况下，如果父亲只是一味地去谴责妈妈，说她的不是，或只顾责怪孩子不听话，都会伤害到对方。当家庭成员之间有了一些摩擦的时候，做到既保护长辈的威信，又不伤害孩子，用委婉的话语化解矛盾，这时父亲扮演的是善解人意的角色，可以起到如潺潺细流般润物无声的效果。

2.能放"低"身段共同经历

父亲是孩子天生的良师益友，"玩"是孩子的天性，他们在玩耍中获得成功和满足，获得经验和情感。作为父亲，这时可以放下父亲的架子，和孩子一起玩、一起乐，从而进入孩子的想象空间，激发孩子活动的积极性和创造性。

陪孩子挖沙子、玩遥控汽车、一起做手工……在这些活动中，作为父亲，不是迁就，而是享受这个过程。玩，能让父亲孩子式的天性得到释放，展现自己活泼、大气的一面，更能让孩子有一种"我的老爸最棒"的自豪感和自信心，让孩子的天性也能得到充分的发挥。

当然，放低身段共同经历不仅仅是指一起玩耍，确切地说应该是指父子一起成长。如果我们把目光放长远来看，就会发现孩子所经历的挫折恰是他们的财富，这些挫折能帮助他们克服今后生活的困难，相反，在暖棚里长大的幼苗却经不起任何风雨的打击，看到孩子们脆弱而幼小的灵魂倒下的时候，我们必须反思父亲给了他们什么。所以让孩子们跟父亲一起承受困难吧，这是最简单不过的事情了。我们不会人为地去给孩子制造困难和挫折，但如果有的话，希望孩子能够自己去面对，不能人为地为他们铺平道路，让他们接触不到外界的风雨。比如外出，该走路的就得走路，不要坐车；比如劳动，孩子能做的让他自己做，劳动只会锻炼人，不会伤害人。父亲们疼孩子的心是一样的，但一定要有一颗坚强的心，不放过任何一个可以锻炼孩子意志的机会。

3.用以身作则来陪伴成长

"望子成龙"是每个家长的愿望，但成长绝不仅仅是孩子自己的事情。拿学习来举例，如果父母们自己渐渐失去了对学习的兴趣，只知道一味地要求孩子热爱学习，自己从来不捧起书本，那么对孩子的心智发展来说是不利的。

所以，正确的做法应该是努力做一个学习型的父亲，不仅要有终身学习的观念，关注生活，关心时事，进修学习，更要关注孩子的学业。看一看他每天的作业，提出一些建议，或表扬他的进步，都是对孩子学习的莫大帮助。父亲的言传身教，将个性中的独立、自信、果断、合作、开朗等性格融入到与孩子的相处和交流中，直接影响着孩子对待学习的态度和行为准则。

再回过去看上述三个案例。在孩子的成长过程中，三位父亲都是有缺失的。小A的父亲想要做单纯"权威型"的父亲，但对孩子的关注只存在于命令口吻，无论是"放低身段"还是与孩子的有效沟通几乎为零。小B同学的父亲对孩子的关注度是足够的，但是在"善解人意"这一点却没有做好，很多时候只局限于学习，学习并不是孩子成长的全部。第三个案例由于父亲对学习主体的认知出现问题，当孩子的成绩出现问题时应该及时介入，而父亲只是一味责怪冷落，那父子关系肯定会受到或多或少的影响。

我们就只交流到这里。下面我将和大家一起探讨父子有效沟通的三大方法。

学后测评

1.选择题：放低身段与孩子共同经历意味着（　　　）。

A.在成长中放手让孩子独立玩耍不用陪同

B.父子一起成长，在共同经历中寻求共鸣

C.事无巨细，孩子成长过程中应大包大揽

2.判断题：印象中，父亲总是威严的，这本身与家庭教育是不矛盾的。（　　　）

3.思考题：在暖棚里长大的幼苗却经不起任何风雨的打击，看到孩子们脆弱而幼小的灵魂倒下的时候，你应该怎么办？

第三节　父子沟通的"三大法宝"

顾声威，盐城市教坛新秀，中学一级教师，盐城市市直教育系统优秀团干，盐城市初中政治教学基本功大赛一等奖获得者。

前面我们侧重于父亲角色定位的交流，是较为理论化的探讨。这一部分希望我们能够轻松地掌握与孩子进行有效语言沟通的几种具体方法。

据科学调查显示，现代社会父子间的接触时间有逐渐减少的趋势。对于大多数父亲们来说，提升自己的工作业绩、完成更多的工作量已经成为了不得不面对的首要课题，并没有更多的精力和时间留给自己和孩子们来做过多的交流。这样对孩子们的学习成绩和健康成长都是弊大于利的。

可想而知亲子之间的有效对话是多么重要，甚至可以这样说，如果一个家庭里，家长能够努力创造积极与孩子对话的家庭环境，那么这个家庭的孩子会变得更加聪明，而不用说，父亲则在其中起着非常重要的作用。

一、通过有效预设，确保与孩子对话的时间

理论研究表明，要想将自家的孩子培养成聪明的孩子，对于一位父亲来说，重要的是每天至少要和孩子进行30分钟以上的对话。但是，即使是30分钟这个最低值，很多父亲都"争取"不到。

在对话场景的选择上，父亲们应该在多样化的有效"预设"上做文章。很多时候，当我们无法做到彼此双方能都如在茶座里一般坐下安静聊天时，碎片化的时间和足够"聪明"的问法就显得尤为重要了。

比如在孩子放学回家后，不用着急问孩子"今天在学校里学了什么

呀"，因为通常这样一问，孩子们立刻会有被"审视"的感觉，回答的内容也就会有选择性。建议父亲们可以从其他的场景进行预设，比如"今天在学校里吃了什么呀"，"今天的体育课是上的什么内容啊"，"今天有没有发生什么有趣的事情"，等等，以此为基础，将话题拓展开来。这样再引入父子都感兴趣的话题，对话的时间就能有较为充分的保证。

当然，为了确保与孩子之间有效的对话时间，是需要父亲能够不断激发孩子的对话欲望的。因此，鼓励性的话语在这里就显得尤为重要，比如："不愧是""难以置信""真厉害""好不容易""没错"等，这些词语的合理运用可以让孩子不自觉间觉得父亲是在真正关注自己的表现，这时不自觉地就会表述得更为完整、细致。

对于父亲而言，创造一个让孩子觉得"我说什么事情父母都愿意倾听"的环境，建立亲子之间的信赖感这件事至关重要。因此，每天哪怕是用早上去上班之前的时间加上晚上回家之后的时间，只需要30分钟，让孩子养成与自己聊天的习惯，都会让孩子受益匪浅。

二、通过场景设置，让孩子和你"畅所欲言"

前面一讲我们说过，对孩子的有效教育从来不是趾高气扬式的指令，也不是放手不管式的放养，而是与孩子"共进退"。如何才能让孩子放下与我们之间的隔阂，真正实现"畅所欲言"呢？在这种情况下，多样化的场景设置就显得尤为重要。

比如可以建议父亲们利用自己的"角色优势"，主动邀请孩子一起做顿晚餐，一起养植物，一起观看运动直播，一起看看新闻节目。当然，这不仅仅是场景设置，而是在场景中通过某一个切入点，与孩子就节目、运动、新闻等进行各种各样的交流，即使是看到孩子感兴趣的明星，也可以与孩子共同探讨，在寻求明星身上闪光点的基础上引导孩子往正确的方向成长。这种情况下，孩子或许真的会对我们"畅所欲言"。

多方位的场景方式能够让孩子明白，原来爸爸和自己有共同的兴趣爱好，更能让孩子认识到自己父亲的知识面是如此广博。这样毫无疑问，父亲在子女心目中的地位会更加高大，与子女之间的交流就会变得更加频繁自如，只要是任何一方感兴趣的场景，感兴趣的话题，都可以不断地进行有效沟通，或许由此还能拓展到社会或者理科的学习方面，或者还能对孩子进行一些道德准则的教育，从而实现父子之间更为亲密关系的建立。

其实在上一讲第2个案例中，小B的父亲完全可以借助"看电视"这一常见的场景来塑造良好的父子关系。在规则的制订方法上，小B父亲可以采用通过周末看一场球赛、一场电影等形式共同参与进去，在参与的同时与小B达成频繁而又自如的沟通，这样既可以缓解孩子对于学习的过度紧张和不安，又能增进父子之间的情感交流，一举两得。

三、畅通的沟通渠道需要规则意识和"榜样引领"

父子之间的沟通方式应该是相对平等且较为宽松的，因为只有这样才有可能疏通出一条较为畅通的沟通渠道。上面一讲中的三个案例都证明了单纯追求所谓"权威型"的父子沟通模式，可能对孩子的健康成长会造成不良影响，至少应该是弊大于利。

但从另一个角度讲，畅通的沟通渠道需要规则意识。如果对于孩子的一切行为，父亲从来都不曾严厉批评过，那么孩子会渐渐分不清楚事情的好坏，甚至还有可能从心底小瞧父母。父亲独特的"角色优势"也应该在这里能体现出来。当孩子无论怎样都不听话的时候，父亲就有必要很认真地去斥责孩子，在某种意义上，有时候向孩子展示长辈在某件事情上毅然决然的态度是十分有必要的。

当然，如果真的出现了上述情况，也一定要控制好自己的情绪，在教育方法方面，父亲应该需要注意，训斥不等于谩骂，一般对孩子的教育过程中不建议使用否定式的语句，不建议拿孩子与别人做比较，更不能对孩子放任不管，也不要总是在一些琐碎的事情上责备孩子。

小A的案例中，父亲在这方面的沟通就出现了问题，他总是在一些很琐碎的事情上责备孩子，父亲的格局应该是比较大的，很多时候要学会"放、管、服"，对孩子的引导应该是大格局式的。一位名人说过：一个父亲胜过一百位老师。一旦只局限于这些鸡毛蒜皮的小事，在孩子们心中，父亲的楷模、航标、山峰式的形象都很难再树立了。

对于孩子来说，自己现在的事情都是父亲过去经历过的事情，因此会十分具有代入感，可以说是最佳的教育孩子的教科书。对于父亲来说，自己天生的优势便在于可以结合自己的实际体验给予孩子更多有技巧的教育方法。

比如当孩子遇到突发事情手足无措的时候，一定要给孩子足够的时间去思考，引导孩子走出舒适圈，让孩子自己想出方法。作为父亲，在之前的成长历程中经历过孩子目前正在经历的事情，在孩子想出方法后，如果有同样类似的经历也曾发生在自己身上，父亲这时也要学会利用这一"天生优势"，亲口告诉孩子自己的实际体验。那么这时孩子就会想"原来爸爸当时也是一样啊"，也会油然而生出一种"那自己也要像爸爸一样"的心情。

当然，父亲有效的语言沟通方法还有很多很多，我们这只粗略地列出其中三种。其实方法无论多少，作为父亲是应该更多地走进子女的教育中来的，我们也应该意识到父亲在家庭教育中独特的地位。广大的父亲在关注自身事业的同时，请不要忘了把一部分精力转向孩子和家庭，这样我们的下一代才能更好更健康地成长。

学后测评

1.多选题：本课所讲述的父亲有效的语言沟通方式有哪些？（　　）

A.以有效预设确保时间　　　B.以多场景设置提升效果

C.规则意识　　　　　　　　D.榜样引领

2.论述题：请家长说说，你是如何在与孩子相处的过程中做到"规则意识"与"榜样引领"的？

3.判断题：父亲与子女之间的沟通方式应该是相对平等且较为宽松的，因为只要这样才能疏通出一条较为畅通的父子间的沟通渠道。（　　）

第四节　父子沟通的言语策略

成宜轩，盐城市汇杰初级中学道德与法治教师。

我们这一代人应该是与父亲交流最少的一代人。身为90后，我们从小就知道父亲肩上的重任。秉持着要做一个懂事孩子的思想，我们不敢占据父亲丝毫时间。然而随着年龄的增长和社会经验的丰富，我们开始认识到父亲在成长过程中的重要性，从而不断增加和父亲交流的频率。同时，作为一名老师，我也深刻认识到缺乏和父亲沟通的学生的无助和无奈。开始尝试寻找一些有效的交流方式来增进父亲与孩子之间的感情。我将通过几个具体事例向大家介绍这本书中所阐述的父子交流策略，希望我的分享能给您些许启发。

案例1：

第一种情况：

父亲：今天学习表现怎么样？

孩子：就那样，正常情况。

父亲：好就是好，不好就是不好，什么叫就那样？是不是表现不好？

孩子：您觉得不好那就是不好，干嘛还要来问我。

父亲：现在和我说话就这种态度吗？

孩子：我吃饱了（放下筷子，回到房间，关上房门）。

第二种情况：

父亲：今天你们学校吃的啥啊，有妈妈做的晚餐丰盛吗？

孩子：那肯定没有啊，今天我们学校吃的是……

父亲：那我觉得还可以啊，有荤有素，还有水果，这个伙食不差啊。

孩子：您要是这么想的话，那就大错特错了，我们来判断一顿饭的好坏，不能光看这个，还要看口感呢。

父亲：哦，我懂了！我还是用我的老思想来判断了。我们以前念书的时候连饭都吃不饱，更别谈菜了。你们现在这个学习条件已经比我们好多了。

孩子：要是跟您的时代相比，确实好很多了。

父亲：真的是羡慕你们的学习环境。

孩子：在这样的学习环境下，确实是有利于学习的。

父亲：那你觉得有利在哪里呢？

孩子：……

很明显，两种情况中，我们可以看出父子之间交流的时间以及内容有很大的差别。第二种情况，父子的交流是在一种平等、民主的氛围下进行的。这种情况在很大程度上打开了父子之间的话匣，从而促进父子之间的交流。

孩子的成长是立体的，不是平面的，需要父亲多方位、多视角地去关注，绝不能只盯着孩子的一个方面进行交流。孩子在学习阶段，父亲必不可少地要和孩子交流学习的情况，但如果父亲的心里眼里只有孩子的学科成绩，久而久之，学习成绩便成了与孩子沟通的永恒的、唯一的话题，这不利于孩子的健康成长。

父亲与孩子同为家庭的重要成员，需要把孩子当成一个独立的个体，以成年人的方式对待孩子。有人认为父子之间聊天的内容很日常，完全没有必要在父亲仅有的休息时间说些没有价值的话题。其实不然，在生活中，由于父亲在单位、孩子在学校，彼此没有太多的交集，父亲只能通过一些没用的"废话"才能和孩子打开交流的序幕。也正是这些看似没用的"废话"增进父子之间的感情。

案例2：

第一种情况：

父亲：今天是周末，你是不是应该帮家人分担一下家务活啊！

孩子：好吧。我需要做些什么？

父亲：扫地、拖地、洗碗……

孩子：我这不是全干了吗？

父亲：那你作为家庭成员，这些事不应该你做吗？

孩子：那您也是家庭成员啊，怎么您就不干活。

父亲：我辛辛苦苦赚钱养家，周末就不能休息一下吗？你学习能有我辛苦吗？

第二种情况：

父亲：今天是周末，我们一起来帮妈妈分担一些家务活吧，你觉得呢？

孩子：我赞同。妈妈也要工作呢，然后还要给我们保障"后勤"工作，真的太辛苦了。

父亲：那我们把工作分担一下吧，你觉得应该怎么分呢？

孩子：我觉得我可以分担一些我力所能及的事情，比如扫地、拖地之类的。您可以帮妈妈煮饭烧菜。您觉得呢？

父亲：那就这么干。

孩子：爸爸，可以帮我拿一下拖把桶吗？我有点搬不动。

父亲：好的，没问题。

孩子：谢谢您！

父亲：辛苦你啦！

孩子：没关系，这是我应该做的呢！

交流的方式有很多，娱乐式、会议式、聊天式等。无论选择哪种方式沟通，都是为了缩短心与心之间的距离。但是应该尽量避免一本正经地说教。因为任何说教都是苍白无力的，而且说教一旦经常使用，会适得其反，引发孩子的逆反，导致"沟而不通"，反而影响父亲与孩子之间的感情。

我们不难发现第二种情况下的父亲打破常规，通过和孩子交流共同完成一件事，将孩子真正视为家庭成员独立存在，将交流建立在平等民主的基础上。案例所述的这些事情一方面加长了父亲和孩子交流的时间，丰富了彼此之间的交流形式和内容；另一方面也让父亲与孩子在出谋划策、相互帮助等角度培养孩子一定的沟通能力和行动能力。

除此之外，父亲还可以选择和孩子在室外完成一件事情，如去运动、去旅游等。大自然中的一景一物，本身就蕴含着深刻的哲学，父亲可以借机来发挥，边干活边交流，让彼此在实践中愉快地交流，在交流中幸福地收获着。

这样的沟通方式，往往因为孩子经历了一段深刻的心路历程，所以心灵深处会留下一段难忘的记忆，让交流更富实效。

案例3：

第一种情况：

父亲：这次考试考得怎么样？

孩子：有点退步了，这次只有80分。

父亲：平时就一直在跟你说要认真学习，多花点心思在学习上，少玩点手机。这不，立马就退步了吧。

孩子：这此考试试卷有点难的，老师课堂上讲的知识我还没有理解透彻呢，所以考得不理想。

父亲：这些都是你的借口，别人怎么就能考到90多分，你怎么考不到？足以证明你学习不认真。

孩子：我已经很认真了，真的是因为这次考试有点难度。

父亲：我不想听到这些话，我只看结果。我每天工作累死累活的，供你读书，不是为了听你讲这些失败的借口的。你赶快去学习吧。

孩子：我真的已经很努力了。您根本就不理解我，只会一味地评批我。

下一次考试

父亲：这次考试考得怎么样？

孩子：这次考了95分。

父亲：这次试卷简单？

孩子：比上一次考试简单，所以这次有人考到了100分，我在班级排名第五。

父亲：既然有人能够考到100分，就说明你还没有努力到位，我觉得你还是要再加把劲，争取考到100分。

孩子：可是我已经尽我最大的努力了，这就是我真实的水平啊！您为什么就不能表扬我一次呢？这次我进步了啊！

第二种情况：

父亲：这次考试考得怎么样？

孩子：有点退步了，这次只有80分。

父亲：那你有自己分析过原因吗？可以跟我说说吗？

孩子：这次考试试卷有点难的，老师课堂上讲的知识我还没有理解透彻呢，所以考得不理想。

父亲：那你愿意听一下我的想法吗？

孩子：好的。

父亲：我觉得你最近可能比较痴迷于手机游戏。放学回家花在游戏上的时间较多。你意识到了吗？

孩子：好像是有点多。

父亲：当然，试卷难度这是一个方面。但是对于你没有理解老师课堂讲的知识，我觉得应该是你课后没有及时巩固。

孩子：对呢，您说得对。

父亲：很好，失败并不可怕，关键是我们要正确认识失败的原因，并能够及时改正，我相信你的实力，下一次考试一定能有所突破的。你接下来有什么学习计划吗？需要我做些什么吗？

孩子：可以请您监督我吗？尤其是严格控制我使用手机的时间，我怕我自己控制不住。

父亲：好的，没问题。

孩子：谢谢您！

下一次考试

父亲：这次考试考得怎么样？

孩子：这次考了95分。

父亲：太棒了，你上次才考了80分，这次考的比上次进步这么大，我看见你平时的努力了，你真棒！

孩子：但是这次考试比上一次简单，有人考到了100分，我仅仅班级排名第五。

父亲：当然，和别人比较可以看出自己与别人的差距，但我们也不能忘记和自己相比。我觉得你这次非常棒，你能够及时发现问题并通过自己的努力改正问题，这样的结果说明你已经成功了，我为你鼓掌。

孩子：谢谢您。我一定会再接再厉，不断挖掘自己的潜能，要么不做，要做就做最好！

父亲：我相信你，你一定会突破自己的，加油，老爸做你坚强的后盾。

孩子正处于身心发展的关键时期，具有特殊的生理和心理需求，属于特殊的社会群众。由于受到年龄和经历的限制，缺乏生活经验，辨别是非的能力还不强。这就需要父母在日常的生活中加以指导和帮助，尤其是父亲这一角色，对孩子的个性形成和行为塑造方面起着非常重要的作用。所以父亲在和孩子交流的过程中，一定要注意方式方法。

从案例的两种情况我们可以看出，父亲对孩子努力过程的认同是多么重要。所以，当孩子哪怕只有一点点进步时，父亲也要不吝啬夸奖。因为孩子一旦被夸奖，就会觉得"自己被人理解了""自己被人认同了"，就会更努力去回应别人的这种评价，继续努力做到更好。

但是父亲还要注意，当孩子兴致勃勃向你炫耀着他的进步时，不能因为工作繁忙，不想说话，就过于敷衍地夸奖孩子一句"你真棒！"，这样并不能激发孩子的上进心和自豪感。父亲要学会案例中所述，将夸奖具体化，让孩子知道自己的努力是被看到的，这也能引导孩子朝着这个方向继续努力。

当然，孩子正处于不断学习的过程中，必然会犯一定的错误或遇到一些困难。作为父亲，要学会委婉地批评，要帮助孩子改正错误，克服困难。正如上述案例所说，父亲要耐心倾听孩子的心声，知道孩子想什么，要学会帮助孩子找出问题，分析问题，从而有针对性地给予孩子关心和帮助。父亲还要告诫孩子犯错不可怕，可怕的是知错不改。这时候，父亲在孩子是非观念形成中就凸显出独特的作用，通过这样的交流培养孩子良好的品格，知错就改，勇于承担责任。

随着时代的发展，我们越来越意识到父亲角色在孩子成长过程中的重要作用。为此，我们必须要改变认为父亲对孩子严格要求是为了孩子好这样的落后观念，这样的观念在现代社会已经不再被接受，这实际上在无形中拉开了和孩子的距离。

良好的亲子状态是父亲在与孩子交流的时候能够刚柔并济。父亲的严厉教育，能让孩子不断突破以前的自己，每天都力求更进一步。让孩子觉得自己是一个活得特别用力的人，用力不够的话会觉得"不过瘾"。同时，当孩子能力不足时，父亲能够适时地给予孩子帮助，给予孩子自由，不强制，或许更有利于孩子的成长。

一个合格的父亲，不需要多么有钱、有本事，但一定要具有正能量，不管是在学习上、思想上、行为上……都要以身作则，在孩子面前树立榜样，让自己和孩子一起成长。当自己成为孩子眼里憧憬的榜样，又何愁孩子不会积极向上地踏上人生之路呢。有父亲以身作则带头领路，孩子的未来才有方向。

孩子成长过程中所出现的不和谐的因素，其实就是在竭力证明他们已经长大，而在此过程中，尤其需要父亲的正确指导。因此，请抓住陪伴孩子成长的机会，用爱与智慧，引导孩子成为一个身心健康、快乐、自信、对生活充满希望的人！

学后测评

1.多选题：父亲应该如何加长和孩子之间的交流时长？（　　　）

A.说一些没有用的"废话"

B.和孩子一起完成一件事

C.自主决定孩子所有事情

2.判断题：在亲子交流中，父亲要扮演着严厉的角色，足够严厉才能培养孩子勇于担责的责任感。（　　）

3.论述题：面对孩子成长过程中的进步和退步，作为父亲应该如何给予孩子正确的引导，才能促进孩子的健康成长？

下 编

家庭教育的十大关键教育点

有修为的家长,一定会懂得"尊重"与"民主"的重要性。所以,他的家庭里一定会有定期的"家庭会议"等亲子交流平台,让孩子参与到决策中来(注意决策的价值性),"这样他们更愿意尊重规则",也就更有利于孩子优良品格的生长。

第六讲　如何对孩子进行品德教育

叶梓，高级家庭教育指导师，《中国教师报》"当代教育家"推介名师，家庭教育与教师专业发展研究员。

到写这篇文稿时，新冠肺炎疫情已经肆虐了我们两个年头。疫情是一面镜子，能够照出各色人流的各色面目。跑步女、喝水生、恨国女、道歉男等在疫情肆虐时粉墨登场。做一个假设，如果其中某个是我们的孩子，我们将情何以堪？

但也不能太绝对地说，我们不会养育出这样的孩子。所以，作为家长我们希望自己的孩子有正确的价值观，有良好的道德品质，这就要求我们在家庭教育时有意识地对孩子进行道德教育。正如宋庆龄先生曾说"在一个人的身上留下不可磨灭的印记的却是家庭"。家庭教育才是对孩子品德形成影响最大的因素。

如果此刻我和各位去分享家庭教育的重要性，恐怕毫无意义，我们为人父母，哪有不知家庭教育重要性的？而论述德行重要的典籍可谓汗牛充栋。例如《菜根谭》有言："德者才之主，才者德之奴。有才无德，如家无主而奴用事矣，几何不魍魉猖狂。"用大白话来说就是：品德是一个人的核心品质，如果有才无德一定会让家庭（当然也包括自己）受害的。跑步女之流的下场，应该是这句古语最好的明证吧。

所以，问题的关键就来了，既然大家都知道家庭教育尤其是家庭教育中德育的重要，也可以说几乎没有家长不重视对孩子进行品德教育的，可是为何有那么多的人甚至是孩子被疫情之镜照出"德失"的"妖"形呢？

记得朱熹《朱子语类》中有这样一句经典："知行常相须，如目无足不行，足无目不见。论先后，知为先；论轻重，行为重。"朱子的意思是知行要合一，如果非要弄出个先后轻重，那就是"知为先"而"行为重"。前面咱们提到的"关键问题"的答案就明白了，即家庭教育中德育的重要都"知"，却不知如何"行"。换句话说就是成才先成人的道理谁都懂，关键是不知道如何让孩子先成人。

这是当前家庭教育中的重大缺失，所以，我们就有谈"家庭教育中如何实施德育"的必要了。回答这个问题，必须解决两个问题：一个是"德"是怎样形成的？一个是家庭中的德育，育什么？其实也就是"如何育"和"育什么"的问题。

我们首先尝试回答第一个问题："德"是怎样形成的。这是首先要明白的问题，因为现实家庭教育中德育不是没有，而是没有采用正确的教育方法才导致了"德"的缺失。我们认为"德"的形成有下面四点需要明白。

1."德"是生长出来的

不少家长总是对孩子讲大道理，流于道德说教。其实"教育中最常用却鲜有效的方式就是说教"。我们也相信一如"恨国女"之辈，他们的父母也一定对她进行过不少的道德说教，但却没有效果。所以，作为家长，我们要明白"德是生长出来的"。根据蒙特梭利成长圆环观点：儿童处于成长圆环的蓝色区域；蓝色区域的外侧是成人所处的白色区域；蓝色区域的内侧是红色区域；白色区域的外侧是深红色区域。红色区域代表的是理想的真善美状态，而深红色区域代表的是邪恶、犯罪等区域。蓝色区域是自发向红色区域靠拢，而白色区域是自发向深红色区域靠拢。这听起来可能有些绕。简单来说就是：儿童是自发地趋向于真善美，而成人有着向

"坏"的一面趋向的本能。据此，"德"是很难靠成人来教出来的。

那么，作为家长，该做的是什么呢？是为孩子的成长提供趋向于真善美的更合适的土壤。如此，德会自然生长。这就是通常所说的，家长一定要让自己做有德之人。家长的行为直接影响孩子的行为趋向，所以才有俗语"跟着啥人学啥人，跟着巫婆弄鬼神"。

2."德"是培育出来的

家长满足了认知与行为条件，也只是解决了简·尼尔森所说的正面管教两大原则中的第一条"和善与坚定并行"，即坚定地相信孩子天性的美好，用自己的修为与之和善地相处并坚定地执行下去。倘要"锦上添花"，就需要正面管教的第二条原则做支撑，这就是"让孩子参与到决策中来"。

有修为的家长，一定会懂得"尊重"与"民主"的重要性。所以，他的家庭里一定会有定期的"家庭会议"等亲子交流平台，让孩子参与到决策中来（注意决策的价值性），"这样他们更愿意尊重规则"，也就更有利于孩子优良品格的生长。所以，良好的家庭德育，一定是创设尽可能多样化的平台让孩子去平等决策，从而在"他们更愿意尊重规则"中形成习惯，养成品德的。这就需要家长们主动创设平台，所以"德是培育出来的"。

3."德"是持续出来的

家庭教育中的德育另有一个重大误区就是认为"处处是德育之地，时时是德育之时"。殊不知，当把"处处""时时"当作德育"时机"的时候，恰恰把本该形成的德育整体切割成了碎片。人的内在心理结构在孩子小时候一旦形成，就具有相当的稳定性。也就是说，它很难被改变。但人的心理表层可以被拉伸，做短暂的变形，这就是孩子可以一时改变的原因。但人内在心理结构的稳定性使得它具有很强的反调节能力，也就是说，孩子的"一时"改变只能是"一时"，它会因人的内在心理结构的反调节而回复到本来的状态。所以，形成品格和习惯的过程，其实就是克服人的内在心理结构反调节能力的过程。这就决定了要形成一种品格或者习惯需要在同一个方向上持续不断地对心理表层施加影响，"长程"是有效的前提。而此处教"孝顺"彼处教"尊重"；此时教"知礼"彼时叫"懂恩"，就是在不同方向上切割了"长程"，是不会有好的效果的。所以，不是家长们不用心，因为"处处""时时"都在教，而是不懂儿童心理的科学，不懂德是持续（一个阶段一个重点）出来的。

4. "德"是交往出来的

在前文，我曾引述朱熹《朱子语类》中的话来说明"行为重"的问题。如果"德"不放在实践中去检阅、修正，就很难得到真正的提升。真正的德不是放在橱柜里光闪闪的道德奖杯，而是在生活实践中去体现、去检阅、去修正和提升的。所以，优秀的家长会为孩子搭建朋友圈、会带孩子参加成人的宴会等，让孩子在异于家人的场景中表现。然后结合孩子的表现在如"家庭会议"的平台上依照"尊重""民主"的原则进行评价。这样才能让孩子懂得"德"不是"知道"如何做，而是在"关系"中如何实践。所以，"德"是交往出来的，家长需要为"交往"搭设平台。

上述4点，依照从重到轻的顺序，解决了"如何育"的问题。虽然我这里并没有使用"策略"这样的词语，我相信您从文字中能读出"策略"。

现在我们来尝试回答第二个问题："育什么。"

关于道德品行所包含的东西很多很多，如果逐一培育，将是浩大的工程，因为根据行为心理学原理，一个习惯的稳定落实，至少需要90天时间。而"很多"的品质，就是很多个90天，要逐一培育，恐怕不大可能。所以，我们需要从核心品质入手，抓住"牵一发而动全身"的"一发"。以下四点是核心品质：

（1）知"劳"。对孩子进行良好的劳动教育。因为只有经过劳动锻炼和体验的人，才会树立责任意识，才会通过劳动懂得感恩为自己劳动的人，才会更好地体会到父母亲的辛苦而知孝，才会懂得有些劳动的不易而激发向上的力量……养成孩子的劳动品质是家庭德育的首要。

（2）修"敬"。敬爱、敬仰、敬畏，一个人如果有这三个词语做人生底色，他一定是个近乎完美的人。敬爱父辈祖辈为孝，百善孝为先；懂得尊敬他人为有礼，礼多人不怪，自然生敬意；懂得敬国家集体为责任担当，朱熹说"敬者为何？不怠慢、不放荡之谓也"；敬畏天下万物为圣人胸怀……一个"敬"字落实到位便是修身、齐家、治国、平天下。

（3）懂"和"。《道德经》上说"万物负阴而抱阳，冲气以为和"，也就是说任何事物都有"阴"和"阳"两个方面，阴气和阳气达到的统一状态叫作"和"。不偏不倚，不争不闹。所以一个人和自己"和"则身心健康，和家人"和"则幸福美满，和他人"和"则兼善天下，和国家民族"和"则爱国爱民……懂和而不争，不争如水，方为上善。

（4）讲"信"。信则诚实不欺、信则言行一致、信则忠于职守……讲信立起来的是公众视野里大写的人。

孔子讲"修身齐家治国平天下"，"修身"是起点，后面几点环环相扣，遵循客观发展的规律；"知劳修敬懂和讲信"，"知劳"是起点，后面几点的排序相对而言也是遵循了家庭教育背景下"德育"发展的规律。

但愿，我们一起努力，把自己的孩子培养成顶天立地的大写的人。

学后测评

1.单选题：下列说法正确的是（　　　）。

A."知行合一"是说"知"和"行"的地位是一样的

B.人的内在心理结构的稳定性，决定了人是改变不了的

C.一个人只要心存"敬"字，在道德品质方面就不会出问题

D.劳动教育，是家庭德育的首要内容

2.判断题：

（1）"德"是生长出来的，是说"德"是很难靠成人教出来。（　　　）

（2）"德"是培育出来的，和"德"是生长出来的其实是矛盾的。（　　　）

（3）根据行为心理学原理，90天就可以培养一个习惯或品质。（　　　）

（4）家长经常带孩子参加饭局是一种不错的家庭德育方式。（　　　）

3.简答题：你认为家庭教育的德育，应该育哪些内容？

4.论述题："劳动教育是家庭德育最核心的教育"，你怎么看这个观点？

第七讲　做好孩子一生的习惯培养

丁梅芳，拥有20年一线教龄的小学班主任和英语老师，培养了一对聪明懂事的双胞胎女儿，具有家庭教育实操经验。

我是一对双胞胎女儿的妈妈。很幸运，天资如我的她们，并不是十分聪明的孩子，但各方面都很优秀，包括学习成绩的优秀。很荣幸有机会和大家分享如何以科学的方式来把握好孩子学习的过程，让孩子能够学业优秀，自信绽放。

我们都知道孩子是喜欢学习的，比如小时候，见什么学什么，可以说"嗜学如命"。孩子每学会一项新技能，我们都会露出惊讶和喜悦之情，让孩子不断地展示他的新技能，孩子得到无数的肯定和点赞，孩子也越做越好。

那大家有没有想过，这些原本爱学习的孩子，为什么进入了小学初中，就有不同了呢？这里邀请各位看几个案例：

案例1：

小杰，三年级，聪明，好动，话多。课上老师讲的内容，他很快就能学会。喜欢插嘴，但说得还蛮有道理。课间特别喜欢玩，各种打闹，还喜欢往地上躺，完全没有养成做作业的习惯，作业都需要老师看着才能完成。学习成绩时好时坏。如果他认真做了，能得到优秀，但如果不用心做，考试结束时还会有很多题目空着，也有不及格的情况。

案例2：

小轩，四年级，长着娃娃脸，中等身材。他的作业书写非常端正，每天放学前就把回家要完成的作业完成了。学习比较扎实，课上总愿意积极举手回答问题，成绩优秀。班级里如果小朋友有不好的行为，他会告诉老师。课后服务时间，他参加了多个兴趣小组，兴趣小组的老师也夸奖他，"真乖，是别人家的孩子"。

案例3：

小明，三年级，瘦小的个子，非常情绪化，经常一生气就往地上一坐。作业拖欠严重，总是被老师投诉不交作业。妈妈自己辅导他做作业，经常到晚上10点以后才能完成。后来为他请了辅导老师，在辅导老师单独严厉的辅导中，他能完成作业，但效率不高，成绩多次出现不及格。孩子有时还对妈妈发脾气，早饭不肯吃，妈妈对他的情况很困扰，却也找不到好的办法解决。

到底发生了什么才让他们有不同的呈现？只能说是教育"过程"有缺失。

小学是培养孩子良好的学习习惯的重要时期，是整个教育过程的起点。特别是孩子进入一年级，孩子需要适应从幼儿园到小学的衔接过程，原来无忧无虑，没有家庭作业变成了有语文、数学和英语作业。特别是语文的拼音学习，是一年级上学期的重点学习内容，也是学好语文的一个基础。一开始，家长就要培养孩子养成及时完成家庭作业的好习惯。当然，孩子放学回到家，我们应该先关心一下孩子的基本需要，如果饿了，可以先吃晚饭或吃点美食，如果渴了，可以吃点水果或者喝点牛奶或水等，如果孩子觉得累了，先让他选择用他喜欢的方式，休息一会也可以。照顾好孩子的基本需求，让孩子感受到爸爸妈妈对他的关心和爱，让他能量满满，处于最佳状态，这样更有利于接下去带领他养成学习的好习惯。

2021年开始有了课后服务，如果孩子在学校已经完成了家庭作业，那么回到家后，家长可以陪伴孩子把一天学习的内容复习一遍。这时可以鼓励孩子来当小老师，教爸爸妈妈今天他在学校里学到的新知识。据研究表明，分享是最高效的学习，让孩子每晚在家里分享学到的知识，在学校里他会更加认真地学习，为了当好这个小老师，他会从被动的学习，转变成主动的思考，当父母有个别内容说得不对或者不标准时，他还会帮忙纠正。在这个过程中，孩子变得更主动和自信了，同时他还体验到了成就感。

如果孩子在学校还没有完成作业，那么家长就需要跟孩子约定写作业的规则了，让孩子自己评估，一项作业需要多少时间，然后就给孩子定时，让他专心做作业。这时父母可以做自己的家务，或看看书，或者完成自己的工作等。父母为孩子做榜样，让孩子看到你专心做一件事的状态，孩子自然会模仿，当孩子能够及时完成作业时，父母可以给予肯定。如果孩子不能及时完成的，那么父母需要教孩子学会正确评估时间，同时高效完成作业，多试几次后，相信孩子可以找到适当完成作业的时间。一年级孩子集中注意力的时间一般为10~15分钟，这一点家长也需要把控好。如果作业多，可以分几次完成，中间安排5分钟休息。

当孩子完成当天的所有学习任务后，家长可以带孩子玩一些孩子喜欢的游戏，或者带孩子一起阅读他喜欢的绘本。让孩子有一份美好的体验，这是他养成好习惯后的奖励，让他带着美好进入梦乡。

随着孩子年龄的增加，他们的思维也从以具体形象思维为主要形式逐步向以抽象逻辑思维为主要形式过渡。他们的抽象逻辑思维在很大程度上，仍直接与感性经验相联系，具有很大成分的具体形象性。家长在带领孩子玩游戏的时候，可以适当加入一些思维训练，包括脑筋急转弯、词语接龙、成语接龙、你演我猜、每人说一句编故事等，还有手指加法游戏、心灵感应猜数字、算24点、扑克牌接龙、数独等，甚至可以让孩子来制订游戏规则，然后一家人一起玩，这样的家庭活动，是对孩子高质量的陪伴，既训练了孩子的思维品质，也让孩子体验到满满的幸福感，成为他们童年里美好的回忆！

做好了教育"过程"的第一步，后续就轻松了很多。

在案例1中，小杰的父母工作特别忙，平时没有时间陪伴他，放学后他跟爷爷一起吃晚饭，父母下班回家，他可能都要睡觉了。从小杰的表现看，他的思维训练是到位的，所以他在课堂上的反应，是跟着老师的思路在动脑筋，做出及时的回应。但是他的习惯养成还有待于提高。例如课堂上的纪律，他就忽略了，自己想说就说出来了。做作业的习惯，他也没有养成，学校的课堂作业，家里的家庭作业，都需要老师或家长盯着才能完成。在小学，老师或家长还有时间盯着他把作业写完，但是到了小学高年级或者初中，他的时间就会不够用，导致完不成作业，影响他的学习效果。所以在发现问题的三年级开始，父母和老师应该严格要求小杰，注重他的学习习惯的培养，特别是自觉完成作业、及时完成试卷等方面。

记得三年级刚接手这个班级的时候，有一次发现小杰身上青一块，紫一块，被父母打得很厉害。后来我及时跟他们进行沟通，希望他们能换别的有效的方法。打只能引起孩子的叛逆和仇恨，并不能起到我们想要的效果。这个孩子很有自己的想法，也有自己的规则。父母可以多给他示范，跟他约定一些作业要求，当孩子做到了，或者考试获得优秀了，就给他写"小鱼纸"肯定他的好习惯。还可以满足他的一个小心愿，让他有动力及时把作业做好，并慢慢养成及时完成作业的习惯。由于现实情况，小杰的父母不能做到每天至少有一位家长陪伴和训练，所以一年多来，他的习惯有所改善，但并不明显，经常有反复的现象。

在案例2中，小轩是大家公认的别人家的孩子，有良好的学习习惯，课上专心听讲，主动参与活动；他的课堂作业和家庭作业从来不需要别人操心，他就高质量地完成了；兴趣小组上得很多，还有校外的兴趣小组，真正实现了全面优质的发展。跟他父母沟通，发现父母对他的培养非常重视，也很到位。父母尊重孩子的意愿，校外的一些英语比赛、绘画比赛等，父母都会跟孩子沟通，孩子主动要参加的，父母大力支持，协助孩子充分准备。如果孩子不想参加，父母也会同意并尊重他。这样的信任，让孩子有了很好的自律，有一次，孩子发低烧了，他还坚持上学。当他不舒服来找我时，我得知他是自己想要坚持来上学的，我肯定了他好学的好品质，同时引导他要好好休息，身体是学习的本钱，休息好，才能学习好！

他的父母，对于班级里的事务也很热心，当班级里需要志愿者帮助时，他们是第一个报名参加的，父母这样的主动奉献，是孩子最好的榜样。那天小轩妈妈组织同学们自习，孩子们都很认真地在做作业，相信一个妈妈这样稳稳的状态，对于创造一个平稳的学习环境是非常有帮助的。当孩子在这样平稳的环境中学习，他的安全感是足够的，他可以专注于自己的学习，更高效地完成学习任务。建议父母们，在陪伴孩子学习的过程中，要先学会管理好自己的情绪，让自己在喜悦平静的状态中陪伴孩子好好学习。

案例3中，小明是我接触非常多的一个孩子。他是家里最小的孩子，上面还有两个姐姐，妈妈年纪比较大了，一个人带他，有点力不从心。当他状态好的时候，他会跟我沟通，他是属牛的，所以才有了这样的牛脾气。听到这样的解释，我真是哭笑不得。同时，在观察中，我发现小明也是有自己的特点的。他待人很有礼貌，见到老师能够主动鞠躬问好。他虽然学习并不扎实，但很会动脑筋，动手能力也很强。他很喜欢折纸，折得很工整、很好看。运动能力也很棒，这学期还代表班级参加冬锻三项的踢毽子比赛。他还很会动脑筋，有一次他的毽子掉到了操场的排水道里，小手不能伸进去捡，经过多次尝试和思考，他居然想到用吸铁石把它吸出来。

对于这样的孩子，父母和老师要看到他做得好的方面，并及时鼓励他，他会把这个部分发展成为他的优势。而关于学习和作业，则要引导他分解学习任务，把每完成一项任务，都当成是一次闯关成功。让他在一次又一次的闯关中，体验到成就感，从而有动力坚持学习。

总结"别人家孩子"的家庭教育，我发现有这些特点是相似的：

1. 家庭环境和谐温馨

父母关系融洽，教育孩子时观点一致，能够较好地管理好自己的情绪，时间充足，空间设置合理，孩子有专门用来学习的书房，家庭学习氛围浓厚，书架里的书籍丰富。父母能够好好陪伴孩子，做孩子成长路上的引路人。

2. 父母的教育是民主的

通常都是教练型父母，父母愿意主动学习，跟上孩子成长的节奏，他们尊重孩子的意愿，较早地培养孩子的习惯，锻炼孩子的能力，指导孩子科学的学习方法，帮助孩子养成较好的学习习惯。孩子学会把学习当成是自己的事情，自觉主动地完成学习任务。

3. 父母的榜样力量

从直接影响来说，父母通常都是孩子崇拜的对象，父母的一言一行，都被孩子模仿学习了。从教育本身来说，人是情境的产物，在什么样的环境下，成就什么样的孩子。而家庭情境的特点，很大程度上就是未来孩子的特点。所以，想让孩子养成某种习惯，父母，从自身做起，让自己的实际行动创造的情境影响孩子。

4.父母对孩子学习的过程有正确的评价体系

孩子的努力,父母会看到并肯定;孩子的成绩,父母会关注并分析得失;孩子的需求,也能比较通畅地跟父母进行表达,并被照顾到。

我家俩姑娘,就是在小学培养了好习惯,而在中学及以后的学生生活中,就显得轻松自如。所以,这里就特别想和咱们做父母的说——

父母是儿童最初的也是最主要的教师。父母的真正教育才智,就在于妥善地给孩子创造幸福,从小养成孩子良好的学习习惯,让孩子在好习惯的陪伴中取得好成绩,体验美好的童年生活。孩子也能因此顺利地适应初中、高中生活,取得学业上的成功。找到自己喜欢的专业,继续学习深造,体验属于自己的、有个性的、丰富多彩的人生!

学后测评

1.简答题:让孩子学习效率高的好方法有哪些?

2.简答题:"别人家孩子"的几个家庭教育特点?

3.思考题:如果你上小学三年级的孩子期末考试考了98分,你会对孩子做出怎样的回应?

第八讲　把握好教育节奏比教什么更重要

韦忠军，国家二级心理咨询师，博远心理联合创始人，广西未成年人心理健康中心讲师。

请大家和我一起看个鲜活案例：

在一次偶然的机会中，张世殁发现女儿接受知识的能力不错——在一年的时间里掌握了3000多个字，就感觉女儿很有天赋，也对自己的教育方法充满信心，于是自己开了一个私塾，对孩子进行"超前"的教育。他给孩子规划了一条超级变态的发展之路：9岁高考，10岁上大学，20岁博士毕业，然后进入上流社会。

遗憾的是他女儿目前只完成了10岁上大学的目标，且上的是一所大专院校。由于年龄太小，大学期间和同学都玩不到一起，没有快乐童年的滋养，形成了比较内向的性格，导致大学毕业就没有办法继续升学，只好回到家帮助张世殁做私塾。现在私塾也被取缔了，她的前途在哪里还是未知数，也许还需要从头再来呢。

张世殁打造"神童"案例，就是一个父母没有掌握教育节奏而导致的悲剧。所以我们本节课交流的话题是"把握好教育节奏比教什么更重要"。

教育节奏，指的是根据个体的生理、心理发育阶段选择相应的教育内容。俗话说"到什么山唱什么歌"，说的是在什么地方就做什么事情。教育孩子讲的是"在什么时间教孩子什么知识"。

苏联心理学家维果斯基认为孩子的发展有两种水平：一种是孩子现在

具备的水平；另一种是孩子可能达到的水平，也就是通过教育能够获得的潜能。这两者之间的差异就是"最近发展区"。所以，教育的内容原则上是在最近发展区的范围之内。但家庭教育是由家长决定的，有其时代特点，家长们在孩子的教育问题上呈现出了普遍焦虑。于是各种"揠苗助长"的培训班、兴趣班遍布城市的每个角落，很多孩子刚从学校出门就进了培训班的门，由一个个的"大"学校进到了一个个"小"学校。因此，国家才在2021年出台了"双减"政策，阻止教育"内卷"，顺应教育节奏。

讨论教育的节奏，我们从两个方面进行：一是从宏观心理发展的角度，即根据孩子心理发展历程来进行相应的教育；二是从微观教育艺术的角度，即根据孩子的情绪状态来决定如何把握教育时机。

首先，我们从宏观心理发展角度来谈如何把握教育孩子的节奏。从宏观心理发展角度来看教育节奏的依据是美国心理学家埃里克森提出的人格发展阶段理论，每个阶段都有其发展的任务和困难。

1. 一岁半的孩子："活着"

一岁半的孩子最焦虑的是能不能够活下来，对这个陌生的世界持一种怀疑态度。能否充分信任这个世界，取决于养育者如何对待他。在父母的期待里，想要一个"活泼开朗自信的孩子"这一愿望是最强烈的，所以这个阶段父母的培养重点就是为帮助孩子获得这一品质而打下重要的基础。

一个小生命诞生到这个世界就开始了他心理发展的历程。此时婴儿已经具有情感和初步的认知了，要抛弃那种"只要吃饱不哭就行"的过时观念。这个时期婴儿要发展的能力是信任这个世界，存在"基本信任和不信任"的心理冲突期。

有的孩子长大之后乐观开朗，人见人爱，适应环境能力强，不管在哪里，都是安全感满满。这个阶段父母的养育方法起到了很大的作用。

孩子刚刚从母体中生了出来，对于外面的世界是完全陌生而又没有安全感的。孩子在子宫里是24小时随心所欲的，饿了就吃，从来不知冷暖为何物；出生之后，饿了还要去找妈妈，冷了只能哭。所以在这个阶段，母亲要承担起"24小时"妈妈的责任，对婴儿的需求要"无条件积极响应"，要人为地为孩子创造一个"模拟的子宫"让婴儿慢慢适应，这样他才会慢慢地获得安全感和对外界的信任。比如一个一岁多的婴儿摔倒了会啼哭不止，妈妈说为了培养他独立坚强的品质，对孩子的啼哭无动于衷，这种方式对婴儿来说是不可理解的，会破坏他的依恋关系，从而会让他觉得这个世界是不值得信任的，这个世界是不安全的。

2.印记期（一岁半之后）：想自主，但又害羞

之前对每个人都会笑脸相迎的孩子在见到陌生人时可能会抱住了养育者的大腿，或躲到养育者身后并探出可爱的小脑袋，这一情景鲜活地体现了孩子想自主，但是又害羞的心理。

这个时期，孩子学会了大量的技能，如爬、走、说话等，更是习得了"坚持"或"放弃"的观念。他们开始有意识地决定做什么或者不做什么，开启了人生的第一个"叛逆期"：就是在很多方面想自己去做，父母要求他去做的，他偏偏不这样做。于是很多父母有可能会感受到很受伤。父母在这个时期，要掌握一个原则，即"无条件接纳孩子的情绪，坚决适当限制孩子的行为"，目的是让孩子养成符合社会规范的行为习惯，帮助孩子顺利完成"社会化"，即由一个"小动物"变成一个人。

但是父母又不能太过严厉，如果对孩子的禁止性命令过多，就会伤害到孩子的自主感和自我控制能力。如果父母对孩子的保护或惩罚不当，孩子就会产生怀疑，并感到害羞。因此，把握住度才有利于在儿童人格成长过程中形成意志品质。

这个时期孩子好奇心极强，如果不受干扰，到了一个新的环境他就会积极进行探索。如果他的这种主动探索的行为被大人鼓励，那孩子就形成主动性，这为他将来成为一个有责任感、有创造力的人奠定了基础。如果大人讥笑他的独创行为和想象力，那么他就会逐渐失去自信心，这使他们更倾向于生活在别人为他们安排好的狭窄圈子里，缺乏自己开创幸福生活的主动性。比如一个三岁的小男孩由奶奶抚养，因为奶奶体力不支，白天孩子总想到楼下玩耍而被奶奶禁止，在家玩，爬上爬下，奶奶觉得危险，不断地跟孩子说"不"，有时还批评他"调皮捣蛋"，时间久了，孩子就对自己的探索行为产生怀疑，于是以后做什么事情都变得畏首畏尾、小心翼翼。当孩子的主动性超过内疚感时，他们就开始有了自己的目标，以后也会为了自己的目标去努力。

在这段时期里，我们可以总结为孩子的印记期，在这个时期父母怎么说，孩子就怎么做。因此，父母要学会说话，学会理解孩子说的话，给予孩子更多正面的信念价值观。

3.模仿期（6~12岁）：家长怎么做，孩子怎么做

这个年龄段是学龄期，儿童在学校接受教育。学校是训练儿童适应社会掌握今后生活所必需的知识和技能的地方。如果他们能顺利地完成学习课程，他们就会获得价值感，这使他们在今后的独立生活和承担工作任务时充满信心。反之，就会产生自卑感。

我们要特别注意这个时期孩子学习能力和学习习惯的培养，留意孩子的学习成绩在班级里的表现。在学校学习，无论多么优秀的一个班级，总会有优秀、良好、及格的等级。有一些孩子在班里的成绩一直处于班级里倒数的位置，我们需要特别关注，帮助其提高学习成绩，留意其兴趣爱好，培养孩子的特长，鼓励孩子跟自己比较，帮助孩子发展其他智能（各位参考加德纳的"多元智能"），家长不能仅仅以学习成绩作为衡量孩子是否优秀的唯一指标。

这个阶段我们可以总结为模仿期，其特点是家长怎么做，孩子就怎么做，因此家长要做好行为的楷模和榜样，表现出榜样的一面，谈话内容尽量有正向力量，减少说教。

4.青春期（12～18岁）：做事动机由外部动机转向内部动机

很多家长逐渐感受到了孩子慢慢地远离自己，开始失去了对孩子的掌控感，于是有了失落感，不少父母把这种感觉归结于孩子的"叛逆"。其实这个时期孩子觉得自己已经长大了，对很多事情想自己做主，但是并没有不要父母指导的意思。只要父母能够尊重孩子的自主性，处理好亲子关系，孩子仍然愿意接受父母的教育和指导的。

青春期的孩子做事的动机由外部动机转向了内部动机，他们思考的更多的是"我是谁？""我要成为什么人？""将来我会怎样？"等。一方面青少年本能冲动的高涨会带来问题，另一方面更重要的是青少年面临新的社会要求和社会冲突而感到困扰和混乱。所以，青少年期的主要任务是建立一个新的"同一感"（即对自己的认识、接受、认同）或自己在别人眼中的形象，以及他在社会集体中所占的情感位置。

这个时期的主要特点是家长怎么引导，孩子怎么做，意思是家长有多少引导孩子的智慧，孩子就会怎么做。需要家长给予孩子足够的尊重，及时肯定其行为，和孩子成为朋友。所以要求家长也要跟随着孩子成长的步伐，努力在人格上不断完善自己，不断拓展自己的认识，要给孩子当好"军师"，不要给孩子当"军长"。

总之，在情感养育上，我们按照孩子心理发展的历程进行相应的教育，就能培养出一个人格健全、心理健康的孩子。

其次，我们从微观方面把握教育孩子的节奏艺术。教育节奏的把握涉及的是教育的契机问题。

我们一起看个案例：

2019年4月17日晚间10点左右，上海卢浦大桥上，一辆白色轿车打双闪突然停在车流之中。一女子下车，向后排说了些什么后，随即上车。5秒钟后一男孩突然跑下车后迅速跳桥，紧跟着的女子因没能抓住他坐地痛哭。120到场后确认，跳桥男孩已无生命体征。

男孩的母亲称，因为儿子在学校和同学发生了矛盾，于是她当时就在车里对儿子进行批评，但是她怎么也想不到，儿子居然直接打开车门冲出去跳桥。母亲自责道，要早知道儿子会这么做的话，她就不会批评儿子了，现在说什么都晚了，她很后悔自己的所作所为。

近期的报道，我们看到了很多类似的案例。这些都是由于教育的时机掌握不好而导致了孩子情绪失控的悲剧。对于孩子的教育，特别是青春期孩子的教育特别要讲究教育的艺术。不管是多大的孩子，要对孩子的教育有效果，都要在有良好的亲子关系的前提下。作为家长首先必须在情绪上完全接纳，让孩子能够正常地释放、表达自己的情绪；其次要给孩子机会并且鼓励孩子慢慢把事件经过说出来；最后等到孩子已经心平气和之后再讨论对和错，帮助孩子改掉毛病。

在今日头条上看到一个妈妈记录对孩子的教育过程：

孩子本来很懂事乖巧，妈妈也一直将闺女视如珍宝，长到7岁了妈妈都没怎么打过她，这段时间学习变得马马虎虎了，道理讲了很多，几乎各种办法都试过，还是屡教不改，眼睁睁看着她逐渐养成这种马虎、不认真的坏习惯。一天孩子在练琴时又马虎不认真，妈妈当时彻底崩溃了，对孩子不但又骂又指责，还拳打脚踢。但孩子也忍无可忍，就对自己的妈妈也动手了。

案例中这个妈妈就没有把握好教育时机，教育方法也有问题，当然归根到底是妈妈自己的焦虑导致的。

我回复这个妈妈说：

当父母要求孩子认真的时候，就已经确定无疑地损害了孩子的认真，在别人的高压之下，孩子的认真全放在压力本身而不是放在需要认真的事情上。被父母要求认真，而不是自己主动的认真会使孩子产生一种服从之后的屈辱感，这会大大地削弱孩子认真的品质。

然后这个妈妈又问我，有什么方法不用高压而让孩子认真起来？

我的回答是：

孩子天生是认真的，我们要相信这一点。要想孩子认真地去做某事，我们只要不在孩子做某事的时候去做了不该做的事情。比如孩子在练琴的时候，你看到孩子弹得不认真，就去指责孩子。特别是7岁的孩子练琴，你觉得什么程度才是认真的呢？要帮助孩子把目标分解开来，比如一个音一个音地练，练好一个音就给她鼓励一下，点赞一下，再练下一个音，练完所有的音之后，再串起来练几次，第一次弹不好你也可以找出可以赞的地方给孩子鼓励。总之，就是你想让孩子做得好的东西，切莫挑剔责骂。

这个妈妈接受了我的建议。之后陪孩子练琴还蛮愉悦的，孩子对练琴也很感兴趣。

很多家长在陪孩子写作业时也是如此崩溃，也是采取打骂的方式让孩子完成作业，结果是父母孩子都憋着一股气，长此以往孩子对学习就越来越厌恶了。一件事情如果跟强烈的负面情绪建立联结，那么这件事情就会让孩子觉得恐怖、害怕或讨厌。这样，以后写作业时他都会是这种负面情绪，慢慢地孩子就会变得厌学了。

反过来，我们要让孩子的学习跟快乐的情绪联结在一起，孩子在学习的时候就感到喜悦，就会有开心的情绪，以后孩子就会越学越有动力。

如何帮助孩子建立好的联结呢？

在孩子写完一页作业之后，我们可以认真地看着孩子的作业，然后找出一些优点来说："你写的这个字很漂亮哦，整体很整齐"，或者"你写作业很认真哦，等你做完了就出来，妈妈给你热了牛奶喝"。

这些言行都能让孩子体会到轻松和关爱。如果孩子每次坐在桌前学习，父母都能带给他这种感受，那以后孩子坐到桌前，就会有这种心境，孩子就会喜欢坐在那里，因为很轻松、很温暖。

最后，真诚地希望我们做父母的要根据孩子发展的历程把该做的做好，同时也要注意教育的艺术，不该做的绝不做，教育讲节奏，让陪伴孩子成长变成一件幸福的事。

学后测评

1.简答题："印记期"父母养育的要点是什么？

2.简答题："模仿期"父母养育的要点是什么？

3.简答题："青春期"父母养育要点是什么？

4.简答题：孩子犯了错误，父母怎么做才恰当？

5.论述题：孩子厌学是怎么形成的？

第九讲　以科学方式点燃孩子的内驱力

第一节　影响孩子内驱力的卡点是什么

杨雪勇，家庭教育指导师、国家二级心理咨询师，《家长》杂志专栏作者，《金华电视台》亲子栏目"亲子空间"特约嘉宾。

我将用两个课时与大家分享如何以科学的方式来点燃孩子的驱动力，以求给孩子一个更加美好的未来。

我们都知道汽车的动力驱动汽车行驶，飞机的动力驱动飞机飞行。我们可以再进一步想想"行驶"和"飞行"的动力是什么？自然是马达，然后驱动马达运转的是燃料。那么有没有想过，驱动人的行为的动力是什么？下面看几个案例：

案例1：

小于，初一。来咨询时，着一身黑色的运动服，眼神躲闪，靠在沙发的一侧，把头埋得很低，极少言语，很难沟通。妈妈介绍说，上初中一个月多一点，他已经在班级打架两次，有一次还把同学的鼻梁打骨裂，最近还偷刷爷爷银行卡在网上给自己买了一部手机。妈妈感叹说：这么小就不想着学习，将来可怎么办啊？问题是，自己还不知道如何教育，只好向我求助。

案例2：

施同学，高二，女生。妈妈主诉说孩子情绪不稳定，内心脆弱敏感，学习成绩一直在下游。端详施同学，身形微胖，皮肤白皙，忽闪的眼睛，长长的睫毛，很漂亮。只是头发有些凌乱地挡在面部。当我和她眼神对视时，施同学又将眼神略带羞涩地滑走。她说，从小妈妈一直批评她，拿她和别的同学比较，现在自己是越来越没自信了，对于学习全无兴趣。

案例3：

某女孩，8岁。爸爸主诉说孩子做事极慢，识字能力差，抵触抄写、死记硬背。爱管闲事，做事分心，连走个路都能去发现边上快递柜门没关，吃饭也要看喜欢的书，但抵触老师推荐的书。原来注意力严重不集中，训练后稍好。去医院测过智商，还比一般孩子高，就是没有学习动力。

三个案例，请问在他们身上到底发生了什么？家长表现的都是对于孩子学习的焦虑，都希望孩子拥有学习的动力。

那么，三位同学到底在哪个环节出现了一些困难？社会上有很多书和课程也在讲述如何提升孩子的学习动力，有些方法听着感觉很好，但实际效果却不尽理想，为什么？

今天，我用深度的心理学来解读影响孩子学习内在动力的卡点是什么？只有深度理解影响孩子学习内在动力的卡点时，我们方能从根本上掌握方法。

说到深度心理，就不得不说精神分析的鼻祖西格蒙德·弗洛伊德，他的一生，经历了许多具有世界历史意义的重大历史事变。他目睹了人类历史上的战争、流血、厮杀等人性的阴暗面，亲身遭受到统治政权残忍的民族歧视和迫害。这些惨痛的经历无疑影响了他对人性的看法，进而影响了他的思想理论的形成和发展。他的精神分析学对人类思潮产生了巨大、深远的影响，冲击着人们对有关人性、自然、人类文明和社会等问题的根本看法。后继者关于客体关系理论和自体心理学，无论是继承还是反对弗洛伊德的理论，但都是基于他的理论基点。

以弗洛伊德为代表的古典精神分析，主要把人的潜意识归结为性本能。后期很多学者批判其为泛性论学说，但他提出性本能被压抑包裹在潜意识里所生成的巨大心理能量（即"力比多"）是人类一切活动的真正内在原动力。"力比多"总是维持在一种令人舒适的紧张状态。所以性不再是通常意义上两性间的性，它是任何引起个体愉悦和满足的内心体验。埃里克森继承并发展了弗洛伊德的理论提出了社会心理危机发展论：人发展的8个不同阶段，个体在发展的不同阶段会产生不同的内在心理紧张机制，这种紧张机制需要克服并获得满足，从而推动个体不断地朝向更为健康的方向发展。

首先是在个体刚出生到一岁，婴儿刚从母体分娩，他从一个全然温暖的环境来到一个陌生的世界。这时养育者需要无条件地接纳，创造类似在妈妈子宫里的环境，让婴孩发展出对他人信任的能力，对这个世界信任的能力。然后他才能在未来更好地去探索这个世界。对这个世界充满希望，相信自己的愿望能够实现，富于理想，敢于冒险，不怕挫折和失败，这是学习动力最早期的需要。如果没有安全度过，则容易形成安全感的缺失。害怕被抛弃、敏感、多疑，不信任他人与环境，需要消耗更多的精力用于维持自己内在的稳定感。

第二个阶段是自主对怀疑，发展出意志的品质，就是"我不知结果是什么，但我还是会坚持去做"，发展出了一种意志的品质，遇到学习困难不会轻言放弃，不达目标誓不罢休。这个阶段的孩子探索动力很强，表现出强烈探索周围世界的自主意愿：凡事亲历亲为，如自己穿衣、吃饭、尿尿、走路、拿玩具等行为。反之，如果没有发展好，则容易避重就轻，面对困难，知难而退，轻易放弃；不愿意尝试新东西，愿意向别人展示自己很熟悉的东西；意志力薄弱，缺乏毅力。

第三个阶段发展任务是主动对羞怯，获得主动感，克服内疚感，实现目的的品质，是一种正视和追求有价值目标的勇气。如果这个阶段顺利完成，性格倾向于自动自发，有计划性、目的性、做事果断等积极品质。反之，无计划、拖拉、害怕犯错、回避风险。

第四个阶段发展任务是获得勤奋而克服自卑，体验能力的实现。这是一个自我成长自我完善的重要阶段。这时孩子已开始意识到进入了社会，在众多同伴中，他一方面想拥有一席之地，否则会落后于别人；另一方面积蓄能量，勤奋学习，以求学业上的成功。这个阶段也是学习最为重要的阶段。

还有一个最重要的发展阶段是青春期同一性（指青少年的需要、情感、能力、目标、价值观等特质整合为统一的人格框架）的发展，是自我同一性发展对角色混乱的冲突时期。一方面，青少年的本能冲动带来情绪上的困扰，另一方面青少年面临新的社会要求而感到困扰和混乱。所以，这一阶段的主要任务是建立新的同一感或树立自己在他人眼中确定的形象。同一感获得满足，就会在内心建构起稳定的自我意象，对自己人生有清晰的目标，就会更愿意投入学习，为达成自己的目标而努力。如果儿童感到所处环境剥夺了他在未来发展中获得自我同一性的种种可能性，他将以令人吃惊的力量抵抗环境。在人类社会的丛林中，没有同一性的感觉，就没有自身的存在。所以，他宁做一个坏人，或干脆死人般地活着，也不愿意做一个不伦不类的人，他需要自由地选择这一切。

以上埃里克森的心理社会发展的5个阶段正好对应弗洛伊德性心理发展的5个时期，每个时期的有效发展都是影响孩子内在学习动力的重要因素。当我们的性心理发展完成后，个体最重要的是确定的人际联接，需要一段稳定的关系以维持内心深处的内稳态。当自我在关系中得到稳定的情感互动时，确定自己是有价值的，是值得被喜欢、被爱的，自尊就获得了内在丰盛的体验。

再回过去看上述三个案例。与同学沟通的过程中，小于说他自己就是一个垃圾，一无是处。他在班级打架就是因为无聊，打架至少可以得到关注，打架至少证明我是存在的，打架至少有另外一人与我互动，哪怕结果是糟糕的，也总比没有人与我互动强。可以推测小于同学在成长过程中不同阶段的需要没有获得相应的满足。到了青春期，完全陷入了角色混乱的状态。施同学说从小都是被妈妈指责与批评，变得一点自信都没有，现在特别在意同学的评判，而且很需要与男生建立恋爱的关系，那样自己就会感觉活着有点意义。第三个案例由于父母对应试教育的严重焦虑，小女孩本身对学习有好奇心，只是节奏与父母的期待有较大差距。当父母在后面一直推时，孩子自主的学习动力就削弱了。

下节课，我将和大家一起探讨如何驱动孩子的内在学习力。

学后测评

1.简答题：请列出孩子内在"性"动力表达的日常情境有哪些？

2.简答题：孩子内在学习动力与人格发展的哪几个品质息息相关？

3.论述题：请说说你理解的青少年同一性的发展过程中的一些行为表现有哪些？

4.论述题：青少年同一性完成的任务有哪些？

第二节 点燃孩子内驱力的具体方法

杨雪勇，家庭教育指导师、国家二级心理咨询师，《家长》杂志专栏作者，《金华电视台》亲子栏目"亲子空间"特约嘉宾。

上节课我们侧重于理论知识体系的交流，有点晦涩难懂。这节课希望我们能够轻松地掌握点燃孩子内驱力的具体方法。

大家知道，如果我们割裂了事情的前因后果，往往很难真正接受，当然在后续的实践中就会出现各种各样的问题。所以，我觉得有四点成长需要让各位明白。

首先，我们需要尊重每个个体都有来自本能"性"的需要。这是推动心理发展重要的能量。当然，这里的"性"是前文所说的任何引起愉悦与满足的内心体验。当知道这个概念后，我们就能清楚，凡是能够让自己体验到某种高峰体验的活动，都是可以推动个体行为的内在动力。

比如我们可以带孩子参加一些游戏活动，在增加亲子关系融洽度时，还可以激发孩子内在的动力系统。当他体验到某种愉悦后，这份体验会内化到孩子的心里，然后，自发推动孩子尝试通过不同的方式获取类似的高峰体验。当他通过自己的努力获得愉悦体验的过程反过来强化了自己的能力，形成正向强化的良性反馈动力。苏霍姆林斯基说：教育者与教育对象的每次接触，归根到底是为激励对方的内心活动。如果再细致一步，教育者与教育对象的每次接触，归根到底是为激励对方愉悦的内心体验活动。

自我完善的需要是"性"表达的不竭动力。德国哲学家费希特说，人的生命目的就是自我提升，在现实中向那个最美最高的"无限"和"绝对"靠近，达到精神的自由境界。人本主义心理学的代表人物罗杰斯说，人有理解自己、不断走向成熟并产生建设性变化的潜能。作为父母，永远相信我们的孩子有天然的朝向更好方向发展的需要。如果当下的行为与此背道而驰，或有所偏颇，也一定请家长冷静思考：我们做了什么使得孩子的发展产生了偏离；如何调整我们的互动方式、教养方式，让孩子愿意用他的本能需要"性"的动力去完善自己。

在和小于同学的互动中，我创造了一个属于他的空间：没有评判、没有指责、没有比较、没有否定。在这样的一个空间里，只是呈现当下的感受。他告诉我，其实挺讨厌自己的，他不想让自己一直处在班级的末游。他表达的正是期望自己向更好方向发展的需要，这时，我们予以鼓励与支持，然后见证他做出的每一点改变。同时，我引导孩子对未来有一个积极预期，通过对未来美好生活的向往，给自己立一个Flag，用想象积极预期体验愉悦的方式强化他自我的动力。美国著名心理学家班杜拉认为，决定人类行为的主要先进因素，不是环境刺激本身，而是建立在环境线索信息基础上的对行为结果的积极预期。

当然，这里面还有一个非常重要的因素，就是需要不断地用一种主体责任感方式强化，让小于同学确认他所有做出的行为改变是他作为一个主体做出的选择。这就涉及动力驱动的另外一点：家长需要拥有时刻觉察保持驱动孩子的内在动力需要的能力，也就是驱动孩子的内源性动力。当个体做选择时，他体验到的是内在控制感和核心主体的存在感，反之，有可能行为改变是因为来自于家长的压力，"我"是为了他们而改变，是迫于他们的压力而改变。这种改变有被动支配感，即使心理发展良好的人，依然能隐隐感觉到不爽。发展孩子良好的自我主体感，也有利于建构核心的自尊体系。

为更好地让大家理解内源性与外源性动力的区别，我给大家讲一个小故事。故事是说有一个爷爷养成了中午午休的习惯，每天中午要安静地睡一觉。有一天，他家小屋的边上突然堆了一些错乱的废铁，中午的时候一群小朋友像是发现了新大陆一样，在上面蹦啊跳啊，特别的欢爽！老爷爷刚想休息，窗户外传来的是孩子们的嬉闹声，让老爷爷开始烦躁，在忍无可忍的状态下，老爷爷拿了一根棍子，到外面驱赶这群孩子。当他走近时，孩子们作鸟兽散；等他还没有走回屋里，孩子们犹如从天而降，突如其来，比原来蹦得更欢、更闹了。三番几次下来，老爷爷便无奈地放弃了驱赶。就这样被孩子们"折磨"了几天。后来，老爷爷用激励的方式，奖励小朋友，从最初的蹦一次1元，到后来的5角、2角、1角，直到有孩子开始表达不满，最后，大家都放弃蹦跳了。

这个小故事，非常清晰地澄清了孩子行为动力的两种方向——内源性激励和外源性激励。孩子发现一处废铁，可以很开心地玩，是源于他们天生好奇探索的内在动力。当我们加以引导，施以外在奖励时，孩子们的内源性动力就转换成了外源性动力。也就是说，他们玩耍的背后是为了获得外在奖励。平时我们在教养孩子过程中，不经意间会犯上面的错误：孩子明明很喜欢看书，家长非得用外在激励去刺激，比如说如果你能认真看完这本书呢，妈妈奖励你吃冰淇淋。殊不知，这一小小的动作，把孩子内在看书的动力做了一个外源性转换。你看你书房弄得一塌糊涂，马上给我整理，这是家长们经常会有的指令。有些孩子乖乖地听话去整理，是因为他害怕如果不听可能会遭遇的后果是他不想接受的，慢慢这样的孩子成为听话的孩子，而听话的孩子少了很多的自我探索的动力。

其次，每个人内在都有一种攻击的本能。这是每个人内心深处的动力源泉之一。本能理论认为攻击行为是天生的，并且是不可避免的，它根源于一种自我破坏性冲动。为了减少愤怒和回到冷静的状态，人类所表现出的那种冲动，弗洛伊德称为"死亡驱动"。洛伦兹也认为攻击行为是天生和普遍的，但他从进化的视角看待，认为攻击是为了获得自我保存而不是指向毁灭。"挫折–侵犯"理论认为个体的侵犯行为是由他所受的挫折而引起的，侵犯行为是个体受到挫折的后果，其发生总是以挫折的存在作为前提。社会学习理论的创始人班杜拉认为，孩子侵犯的行为是跟随养育者的结果，是环境塑造的结果。

上面简单罗列了对于攻击行为背后原因的解读。不同理论有不同的解释系统，自我心理学把攻击理解为自我防御的机制，而自我防御机制有适应性与非适应性。攻击表达的适应性行为就是通过符合道德伦理的、社会规范的方式合理宣泄内在的攻击张力。比如培养孩子对科学的兴趣，通过对未知的好奇，激发孩子内在的动力，把想要攻击未知的张力转换成对知识的渴求。再比如可以引入合理的竞争，把获取知识的方式通过个体间的竞争，达到学习动力的激发。

再次，人有归属于某种关系的需要，自我在关系中的建构是内在动力之一。弗洛伊德在他的著作《性学三论》中描写了一个小男孩的经典画面——

一个3岁的男孩，在一间黑屋子里大叫："阿姨，快和我说话！我害怕，这里太黑了。"阿姨说："那样做有什么用？你又看不到我。"男孩回答："没关系，有人说话就带来了光。"

这一段经典对白呈现了人是需要在关系里体验自己。关系如同人赖以生存的氧气，离开了关系，人会产生窒息感。英国著名客体关系心理学家温尼科特诗意地说："婴儿仰起他的头，在妈妈眼里看见自己。"这是人在早期母婴关系最好的诠释，通过母亲的眼神确认自我的存在。《被讨

· 109 ·

厌的勇气》讲到，人的烦恼皆源于人际关系。这是人生课题，如果这个世界上没有人际关系，如果这个宇宙中没有他人，只有自己，那么一切烦恼也都将消失。其实所谓的内部烦恼根本不存在。所以，人需要与他人、与社会产生关系是一种内生性需要，烦恼也好，快乐也罢都是在关系中表达自己。

美国著名心理学家詹姆斯（JANMS）指出，人性中最深刻的禀赋是被赏识的渴望。每个生命仿佛是为了得到赏识而来到了人间。得到一个重要客体的赏识就是个体的内在动力。前面案例中的小于同学，对自己一直不自信，感觉自己毫无价值。在后期咨询过程中通过不断的澄清与镜映，他慢慢地开始变得积极与乐观。在三个月后的一次咨询中，他羞涩地告诉我有一个女生主动向他表白。我抓住这点，说女生喜欢的是你的外在，可你知道如何才能真正赢得女生？小于同学带着强烈的求知欲和我一起探讨，讨论的结果是需要让自己发生变化，让自己的内在变得丰盈。他主动承诺缩短手机使用时间，增加看书时间，学习动力被激发起来。

咨询经验告诉我，绝大部分孩子的学习动力下降和他们的同伴关系息息相关。著名教育专家孟国泰认为：只要是人，都渴望被赏识，赏识就是"催长素"，她能使原本只想做小草的人成为大树，只想做大树的人成为巨杉。相信不久的将来，我们能够看到小于同学通过自身的努力长成一棵大树。

最后，帮助孩子实现自我价值的理想，满足内在的自恋需要是学习动力之一。自恋曾被当作贬意词来使用，你太"自恋"了，表示你太过在意自己。自体心理学家科胡特说：自恋是人类的一般本质，每个人本质上都是自恋的。每个人的内在都有对自我情感灌注的需要。自恋是一个谱系，只要我们是在谱系的合理区间，自恋就是推动孩子成长的动力之源。

高二的施同学在学习上了无兴趣，热衷于同伴关系，男女生的事情却如数家珍。透过现象，我们看到的是她内在自我价值感的缺失，父母从小比较的教育方式让她自恋不足。自恋的补偿是人的基本需要，于是她需要不断地通过同伴关系来确认自我的存在，很容易较早地进入一段恋爱关系中，她认为哪怕是一段纠缠的关系也总比没有关系好。当然，帮助她成长的方式是让她不断看到自己内在的感受，在痛苦的感受里获得一份矫正性的体验，用更具建设性的方式来满足自己的需要。

各位学员，经过上面的介绍，我相信大家对点燃孩子的驱动力有了更深的认识。现在我给各位介绍一下驱动孩子内在动力需要掌握的两个原则和三个效应。

首先是"两个原则"。面对孩子，我们家长需要时刻保持觉知，在与孩子的互动中坚持两个原则：一是不带敌意的坚决。我们创造一个亲子空间，让孩子在空间里自由地舒展。同时当孩子触碰边界时，家长需要做的是守住这个边界。通常的语言是温和地说：不行，不可以！二是不带诱惑的深情。家长需要明白由孩子作为主体需要承担的责任和后果。通常家长面对孩子，会说如果你这次考试能得90分，我就带你去吃肯德鸡、买动漫书之类的，这便是把孩子原本自我不断完善的需要外化成了为得到某种东西的需要，久而久之，走着走着，都忘了最初的目的了。

其次是三个"心理效应"。在陪伴孩子成长、激活孩子动力的过程中，家长需要学会运用三个心理学效应。

（1）期望效应，也称罗森塔尔效应。美国心理学家罗森塔尔等人于1968年做过一个著名心理学实验。他们到一所小学，在学校里非常认真地选择了一批同学，并且告诉学校教师这批同学资质优秀。8个月后，再次去学校测试，发现上一批次名单中的学生成绩普遍提高，教师也给到了很好的评语。人们把这种通过潜移默化的影响，从而取得良好的期望的现象，称为"期望效应"。家长需要发自内心相信孩子是有能力解决自身问题的，给予足够的信任、鼓励与期许，最大限度地给孩子信念的支撑，孩子就会获得成长的内在动力。

（2）南风效应。法国作家拉封丹曾写过一则寓言——

北风和南风比谁的威力大，看谁能把行人身上的衣服给脱掉。北风首先来一个凛冽的寒风，结果行人为了抵御北风的侵袭，把大衣裹得更紧了。南风徐徐吹动，顿时感觉微风拂面，因为暖和，行人纷纷开始解开钮扣，脱下大衣。

这个寓言告诉我们面对孩子成长中的问题，需要保持耐心，给予关心和支持；真诚地倾听与鼓励，孩子很快自己调整，重新找回学习动力。对于案例3中的爸爸，我鼓励他们用南风效应回应孩子。通过持续一段时间，孩子在学习行为上发生了可喜的变化。

（3）习得性乐观效应。我们都知道习得性无助的实验，是说一个人如果经常受挫，就会认为自己努力是没有用的，于是惯性地放弃。积极心理学之父塞利格曼在《活出最乐观的自己》一书中，重新提出了习得性乐观的概念。他提出"成功才是成功之母的观点"。通过进一步研究，他说习得性无助和习得性乐观是和一个人的解释风格有关。解释风格是你对为什么这件事会这样发生的习惯性解释方式，它是习得性无助与乐观的调节器，乐观的解释风格可以阻止习得性无助，而悲观的解释风格可以散播习得性无助。家长需要在孩子面临困难时，用积极的视角解释，孩子便可以获得解释风格的三个要素——永久性、普遍性和人格化。

最后，感谢各位学员的陪伴，还是真诚地建议各位反复学习这节课，慢慢咀嚼消化，内化于心，外化于形。相信通过持续的引领，孩子一定拥有不竭的内在学习动力！

学后测评

1.多选题：深度心理影响孩子内在学习动力的四大"需要"是（　　）。

A.性的需要　　B.关系的需要　　C.攻击的需要　　D.自恋的需要

2.单选题：孩子本能会朝向一个健康的自我完善的方向发展是（　　）需要。

A.性的需要　　B.关系的需要　　C.攻击的需要　　D.自恋的需要

3.多选题：小朋友故意推倒搭建好的积木，欢快鼓掌，这是（　　）需要驱动。

A.性的需要　　B.关系的需要　　C.攻击的需要　　D.自恋的需要

4.思考题：请家长说说，你是如何理解面对孩子需要掌握的两个原则的？

5.多选题：家长陪伴孩子成长过程中，需要熟练使用的效应有（　　）。

A.南风效应　　B.习得性无助　　C.期望效应　　D.习得性乐观

第十讲　如何提升孩子的学习能力

第一节　懂学习力，是提升学习力的前提

程伟华，二级心理咨询师、高级教师、中共佛山市委宣传部宣讲团讲师、佛山市妇联家庭教育授课导师。

作为家长，无论我们的教育理想有多么丰满，但有一个问题是永远绕不开的——学习成绩。您可以狭隘地定义为"分数"，也可以宽泛地定义为"分数及将来发展可能性"的结合体。无论哪种解释，孩子的学习能力都是其核心要素。只有提升了孩子的学习能力，孩子才学会学习，才会真正拥有美好的未来。

那么，学习力包括哪些能力呢？

这个问题的有效解决，才是我们提升孩子学习力的关键所在。请大家和我一起看下面的案例及分析。

案例：

小东，八年级，男生，就读于某县级中学质优班，成绩处在班级的中游。"双减"政策前，周末基本都到校外机构进行重点学科尤其是数学和物理的补习。初中以来，尽管在校外补习花费不少，时间投入也很多，但小东的成绩却没有很大的提升。"双减"政策之后，校外辅导机构周末不能再开展学科补习，小东处在焦虑和彷徨中，第一次月考成绩急剧下降了10多名。

为此，小东父母寻找办法帮助小东。在一个家庭教育沙龙中，小东父母帮小东报名了一个理科思维拓展的兴趣小组，主要是训练学习方法和学习思维提升。经过一个多月的训练和老师的辅导调整，小东的焦虑得到缓解，在第二次月考中，小东的成绩一下子飙升20多名。

案例分析：小东在质优班，说明班级竞争和升学的压力比较大，成绩一直中游，说明他的成绩比较稳定，基础没有问题。长期校外补习，稳定了他的基础，但没有稳定学习心理和提升学习能力。从后面参加其他训练班的成效可以看出，小东欠缺的不是学科知识，而是对学科知识的深化和理解，是学习方法不当，没有很好的学习思维。尽管之前一直补习，但是没有"对症下药"，学习能力没有真正得到提升，小东后来通过思维训练，尽管不针对学科知识，但却有效地提升了成绩，可谓"直达病灶"。案例中也可以看出小东的父母是一对积极的父母，有很好的家庭教育意识，善于引导和协助孩子解决问题。

从上述的案例可以看到，一个孩子学习能力的提升，不仅仅是学科知识能力的提升，而是涵盖心理、行为、认知、方法、思维等综合在一起的各个要素的提升。行为认知学习理论认为：人是学习的主体，人会主动学习；人类获取信息的过程是感知、注意、记忆、理解、问题解决等的信息交换过程；人们对外界信息的感知、注意、理解是有选择性的。认知学习理论认为"智力是学习能力或智力是由经验中得益的能力""智力是关于学习能力的综合能力"。

从学科能力角度出发，学习能力是学生的智力、能力与特定学科的有机结合。通常有三层含义：一是学生掌握某学科的一般能力；二是学生在学习某学科时的智力活动及有关的智力与能力的成分；三是学生学习某学科的学习能力、学习策略与学习方法。

综上可以看到，学习能力是学习的方法与技巧，是指以快捷简便、有效的方式获取准确信息、加工和利用信息，把新知识融入已有知识，分析和解决实际问题的能力，其核心能力包括：集中注意力、观察洞悉力、阅读理解力、记忆想象力、思维创造力、语言表达力、运算逻辑力以及感觉统合力等。只有具备了这些能力才会在听、说、读、写、计算、阅读、梳理分析方面提高学习效率。下面我用案例逐一分享这些核心能力。

1. 集中注意力

集中注意力是指人的心理活动指向和集中于某种事物的能力，是人的心理活动对外界一定事物的指向和集中。例如上课时老师讲课，学生看着讲课的老师，即为指向；学生可以持续地听课一段时间，即为集中。当一个孩子一动不动趴在地上认真地观察蚂蚁搬家的时候，就是他注意力集中的时候。注意力是所有认知活动的前提条件和基础，若注意力缺失，则思维、推理等方方面面都会受到影响。所以，俄罗斯教育家乌申斯基曾精辟地指出：" '注意'是我们心灵的惟一门户。"

2. 观察洞悉力

观察洞悉力是指大脑通过对事物的观察，透过表面现象精确判断出背后本质的能力。观察看到的是事物表面的东西，而洞悉看到事物的本质。例如你可以观察到一个人的行为、表情，而通过他的行为和表情，看到他的内心世界和情绪情感体验，这就是观察洞察力。20世纪初，奥地利青年气象学家魏格纳，在一次住院期间，偶然地对病房横挂的世界地图的奇异形状发生了浓厚的兴趣。平常这司空见惯的地图形象，根本不会引起病人和工作人员丝毫的兴趣。魏格纳却透过这平凡不为人所注意的地图形象，仔细观察且觉察到其中的奥妙：地图中大西洋两岸的大陆海岸线凹凸部分正好相反，愈看愈觉得图中的整个欧洲、非洲、南北美洲东部，简直像是一张完整的报纸被撕成的两半……恰恰是这一独特感受，使得魏格纳成为"大陆漂移说"的缔造者。魏格纳这一例子是观察力与洞悉力也就是观察洞悉力的具体表现。

3. 阅读理解力

在讲这个能力之前，我们先看以下的文字材料，然后写出你的3个发现：

研表究明，汉字的序顺并不定一能影阅响读，比如当你看完这句话后，才发这现里的字全是都乱的。

通过阅读以上的材料，你会发现：第一，上面这段话的文字有些是乱的；第二，汉字的顺序没有影响阅读；第三，当专注于阅读，干扰项其实没有影响到我们的阅读和理解。

从以上材料我们不难理解，阅读理解力是指通过阅读获取信息的能力，包括理解阅读材料中重要概念或句子的含义；筛选并整合图表、文字、视频等阅读材料的主要信息及重要细节；分析文章结构，把握文章思路；归纳内容要点，概括中心意思；分析概括作者在文中的观点态度；根据上下文合理推断阅读材料中的隐含信息等能力。

4. 记忆想象力

记忆想象力是人脑对外界输入的信息进行编码、存储和提取、加工整合的过程，是一种基础性的心理功能，是一种高级认知活动。记忆是想象的基础，在科学记忆方法中，联想是记忆术的一个必不可缺的重要技巧之一。联想是记忆的桥梁，要想记忆好，运用联想法是必不可缺的。我们在学习中，经常用到记忆想象法去记住一些内容，例如在幼儿园或小学学段，老师为了让孩子们能记住或背诵课文，通常采用画画或建构图画的方式，让孩子看着图画通过联想的方法进行想象和记忆。

5. 思维创造力

思维创造力即创造性思维能力，是指思维活动的创造意识和创新精神，不墨守成规，奇异、求变，表现为创造性地提出问题和创造性地解决问题的能力。思维创造力对于学生在学习过程中创造性地解决问题，培养创新人才有重要的意义。这种思维能力最直观的表现就是对一些问题能够灵活转弯，能够一题多解，而且解法深入浅出，非常巧妙，令人叹为观止！

6. 语言表达力

语言表达能力是指用词准确，语意明白，结构妥贴，语句简洁，文理贯通，语言平易，合乎规范，能把客观概念表述得清晰、准确、连贯、得体，没有语病。语言在人们的生活中起着重要作用，是人们发展智力和社会能力的核心因素。这种能力反映在孩子的学习能力上，不仅仅是嘴巴语言的直接表达，还有书面文字语言的表述，就是"怎么说""说得怎么样"。

7. 运算逻辑力

运算逻辑力是数理能力的基本成分之一，是指通过正确、合理的思考，运用有关运算的知识进行计算、推理，进而求得运算结果的能力。运算逻辑力不仅是学好数理必须具备的能力，也是学好其他学科、处理日常生活问题所必须的能力。例如我们早上起床后要做几件事情：①刷牙洗脸；②打开收音机听新闻；③烧开水；④吃早餐。从最条理的角度，你会怎样安排？没有运算逻辑力的孩子，通常会用自己的时间线或空间线流程化安排，例如时间线是①③②④，空间线是①②③④，而实际上有些操作是同时进行的，比较好的安排是②③①④，这样就可以边听新闻，边烧开水，等刷牙洗脸完了，开水烧好，可以边吃早餐继续边听新闻，实现效益效率的最大化。

8. 感觉统合力

看到这个名词，可能你会认为这也是一种核心的学习能力。是的，这也是一种核心的能力！举个例子，在学习数学、几何特别是立体几何的过程中，有许多学生怎么看图都看不出来，有些学生不会画图，可是当老师正确画出图后，他就能解决，这就是一种感觉统合。所谓感觉统合，是身体所有感觉器官将信息传入大脑，经过整合作用，指挥身体内外做出适当反应。又例如在体育课上，我们也常常采用感觉统合的方法进行投篮、射门等行为的训练，这也是感觉统合的练习。通过这些练习，除了掌握知识技巧，还能提升解决问题的能力。

以上都是学习能力的核心。但这些核心的能力是天生的吗？并不是。排除器质性的原因，这些学习能力在一个孩子学习之前都是相差不大的，只是在后天不断成长的过程中慢慢习得并出现分水岭。例如有些孩子经常参加专注力的训练，那这些孩子集中注意力、观察洞悉力、视听知觉力就发展得很好；有的孩子参加乐高等兴趣班，他/她的思维创造力、运算逻辑力和感觉统合力等就发展得很好。因此每一种学习能力都是长期训练习得的结果，如果有恰当的训练方法，那孩子的这种能力就成为终身受用的能力。

下一节，我们详细来介绍提升孩子学习力的具体操作方法。

学后测评

分析探究：分析以下行为，体现了哪些核心的学习能力？

1.两岁的孩子专心致志地尝试用调羹勺盛饭给自己吃，并把掉到桌子上的饭粒一颗一颗用手捡起来吃。

2.一位8岁的儿童正在用轻质黏土模仿彩图制作一个庭院的模型。

3.课间一群八年级的孩子在教室争论一道数学难题的解法。

第二节　提升学习力的具体策略及评价系统

程伟华，二级心理咨询师、高级教师、中共佛山市委宣传部宣讲团讲师、佛山市妇联家庭教育授课导师。

上一节课我们了解了学习力的几个核心能力，这节课，我们讲如何提升这些核心能力、如何建立学习能力的评价系统。

随着孩子不断长大，学习内容更加复杂化，对孩子的学习力提出了更高的要求，如何培养孩子的核心学习能力？下面通过例子和大家分享。

一、集中注意力培养

要培养孩子的集中注意力，家长要营造一个稳定、没有干扰性的环境，让孩子感受集中注意力给解决问题所带来的良好的情绪情感体验，并在孩子行动中反复强化体验，从而形成品质能力。

例如要培养一个5岁孩子集中精神看书的能力，家长首先为孩子购买适合孩子年龄看的书籍。然后创造阅读的环境，如在安静的书房，清除书桌上有干扰性的玩具或用品等。刚开始，家长需要与孩子共读或让孩子阅读后分享。孩子分享的时候，家长允许孩子读得不够认真和仔细，不要评判和打击孩子，而是多加赞赏和肯定，如"哇，你读得好仔细啊，居然被你发现是七只猴子在捞月亮，还有一只是在指挥"！通过赞赏和肯定，让孩子在阅读体验中获得一种良好的情绪体验，这样孩子才会愿意继续去阅读。

当然目前有很多培养集中注意力的方法，如舒尔特方格训练法、视觉追踪训练、图形辨别训练、主题童话故事训练、抗干扰游戏训练等。针对儿童或青少年的年龄特点，学龄前儿童可采用游戏或故事等趣味性的方法，学龄儿童建议采用专门训练的方法。不论采用何种方法，激发兴趣、强化正向感受、形成惯常行为是提升集中注意力的有效途径。

二、观察洞悉力培养

观察洞悉力的前提是观察，而后才有洞悉。要让孩子愿意观察，家长最有效的方法是"三激"，即激趣、激奇和激疑。激趣是指激发孩子的学习兴趣，让孩子对事物产生浓厚的兴趣，其中最重要的是家长本身也"亲临其境"，与孩子的兴趣同频。例如要想孩子通过观察云彩看天气，如果直接让孩子观察，他看两天可能就没有兴趣了，但是如果家长跟孩子一起，兴奋地记录和研究云彩的颜色、厚薄轻重、形状、方向等，孩子的感觉就完全不同了。兴趣是最好的老师，孩子有兴趣了，他的观察就能深入了。激奇是激发孩子的好奇心，家长要擅于观察孩子发现了什么，并饶有兴趣和孩子一起探讨观察到的事物发生了什么，孩子的观察就会更加细致入微！激疑是通过孩子的观察，激发孩子思考更多的问题。例如当你观察到最近的云朵比较厚重、黑色，自东往西而来的时候，通常会有怎样的天气？这样就把孩子的思维从观察的层面提升到进一步进行信息整合提取的过程，更能了解事物的规律和真相，洞悉本真。

三、阅读理解力培养

阅读理解力是学习能力中非常重要的一种能力，不管文科还是理科，都需要孩子掌握并能熟练运用。对于年龄小的孩子，刚开始阅读时会有困难，因此针对这个年龄段的孩子可以先通过绘本进行亲子阅读，在阅读的过程中，家长可以问孩子"图画中有多少动物？""这个花朵是什么颜色的？""黄色衣服的小朋友在做什么？"，等等。通过家长的引导，让孩子去理解绘本中的内容，一段时间训练后，再让孩子独自阅读，然后把阅读的内容分享给家长，家长再从中加以鼓励和欣赏，这样孩子就会产生阅读的快乐体验，并能很好地提升阅读理解的能力。

对于学龄的儿童，家长可以让孩子分享阅读的内容，说说阅读的感受，如果条件允许，家长也可以阅读同一本书籍，然后交流阅读心得，例如我们可以提问："故事里边印象最深刻的人物是什么？""印象最深刻的人物有哪些性格特征？""你最喜欢的情节有哪些？"，等等。通过共读产生更多的思维碰撞，这样既创造了亲子交流分享的机会，又提升了孩子的阅读理解能力。

四、记忆想象力培养

几乎所有的学习都需要记忆和想象，这是考验学习者的大脑功能。如何培养孩子的记忆想象力？这里给大家介绍两种我在工作中常用的方法。

（1）思维提炼法。这种方法就是借助思维导图或关键词提炼，把材料中的核心信息（或关键词）进行提炼，压缩出"骨干"或"精华"。这样比记忆长篇大论的材料快捷和方便得多。这种方法的好处是既能记住内容，又可以提升孩子的思维和概括能力，训练孩子的网格化思维，形成思维的条理性。

（2）联想法。这种方法是把要记忆的内容通过图片、情境（故事）再现的方式，通过在脑海里呈现图像，从而形成记忆。例如要按照顺序记住以下图片：

我们可以编成一个故事：我到 树 林里散步，看到一只 狗 和一个 孕妇 也在散步，她说要走到郊外的 大山 ，我告诉她那里听说有 狐狸 出没，她就没有去。我后来骑着 自行车 回来，路上买了 香蕉 ，到家已是 月亮 出来了，我边看 电视 边品尝 红酒 和 羊 肉，这 碗 饭可香啊！

这是一个可逆的过程，我们也可以把这段文字素材用图片图画呈现，以便于记忆文字素材，低年龄段的孩子比较适合用这种方法来记住文字内容。

当然记忆的方法还有很多，例如朗读背诵法、抄写法，等等，这里就不逐一介绍。培养记忆联想力，可以先从简单的材料做起，注重趣味性和奇异性，触动孩子的好奇心和求知欲，这样效果才会事半功倍。

五、思维创造力培养

思维创造力的培养要侧重孩子日常体验式活动的参与，让孩子在活动中不断开发大脑的神经网络，在这里给大家介绍最简单常用而又有效的训练方法：积木训练法。积木训练法的工具就是小孩日常玩的普通积木、雪花片之类的拼接组合类的玩具，通过家长的引导，激发兴趣后，引导孩子不断创造生成。

刚开始的时候，我会和孩子一起玩多米诺骨牌。引起孩子的兴趣后，我们开始搭建各种空间模型，例如正方体、长方体、数字等，后来孩子就开始自己创作自己想做的物体，如图1，这是孩子拼出的坦克、飞船，等等。孩子在玩的过程中，培养出空间思维、发散思维、系统思维，大脑的神经网络就在体验中不断丰富发展，慢慢地，孩子就能创造出更复杂的造型。图2是孩子自己搭建的城堡，这里面孩子用到了建筑学中柱梁的方法做承托，非常点赞！思维创造力就在这种简单而容易操作的体验式活动中逐步训练生成。

图1

图2

六、语言表达力培养

语言表达能力是现代社会人才必须具备的基本素质之一，随着社会互动性的进一步加强，人与人之间的联结更加紧密，具有良好的语言表达能力就显得非常重要。如何训练孩子的语言表达力？我想必须做到以下"三不三做到"：

"三不"是不嘲笑孩子表达、对孩子的语病不过于纠偏、不说连篇大道理。孩子的表达有一个成熟的过程，刚开始难免会有辞不达意，有个别孩子还会出现普通话和方言混合使用，如果此时父母嘲笑，就会导致孩子因为害羞而退缩，久而久之就不愿意表达了。孩子表达出现问题的时候，父母不要急着纠正，要允许孩子有错误，然后引导孩子慢下来，再想一想如何正确表达。父母不要总用自己的超理智去和孩子说道理，这样孩子就会关上沟通或表达的大门。

"三做到"是做到鼓励肯定孩子表达、做到允许孩子辞不达意和结结巴巴、做到认真聆听耐心等候回应。当父母呈现积极沟通对话、稳定和接纳、专心投入的状态和孩子对话时，孩子就会呈现出积极、勇敢、大方自然的表达，久而久之就形成了品质。

七、运算逻辑力培养

运算逻辑力是一种需要长期训练而积淀下来的能力，这种能力将伴随孩子一生并能运用在生活和工作各个方面。如何培养孩子的逻辑运算能力？看看下面这张图。

如何把图中从左到右的1个、2个、3个、4个排列的圆圈，通过只移动1个圆圈的位置后，从左到右圆圈个数变为4个、3个、2个和1个？

大多数孩子看到这个题目，会急着动手操作，一番忙乱败下阵来。作为父母，我们可以先引导孩子读懂问题，从左到右是否有1个、2个、3个、4个排列的圆圈？这些圆圈如何排列？有何规律？圆圈的间隔如何？这时孩子可能还找不到方法，因为不够直观，孩子的思维还没有进入解决问题的目标模式。接着家长引导摆成4个、3个、2个和1个是怎样的？能否找硬币尝试下？于是孩子会动手：

这时家长引导：对比一下，你发现了什么？

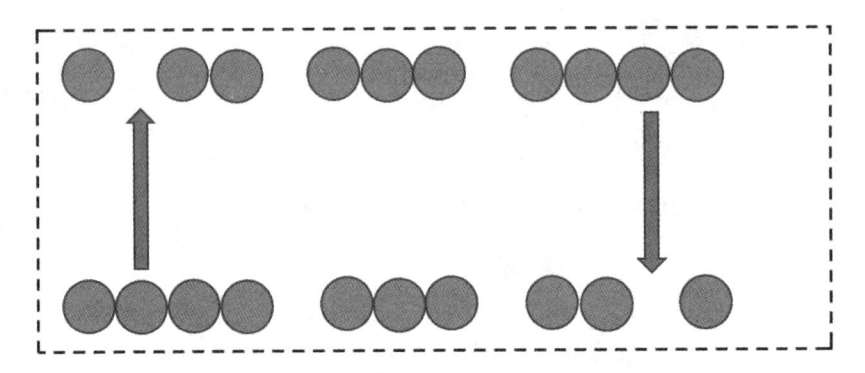

上图中两个箭头位置的圆圈发生了互换，家长继续引导，怎么通过移动一个而发生互换？

于是孩子就会对比两个图形的关系，对比位置，从而发现：中间的三个前后没有发生变化，只需要把原来4个位置当中靠近右边第二个圆圈移到排列的1个和2个的中间就可以了！

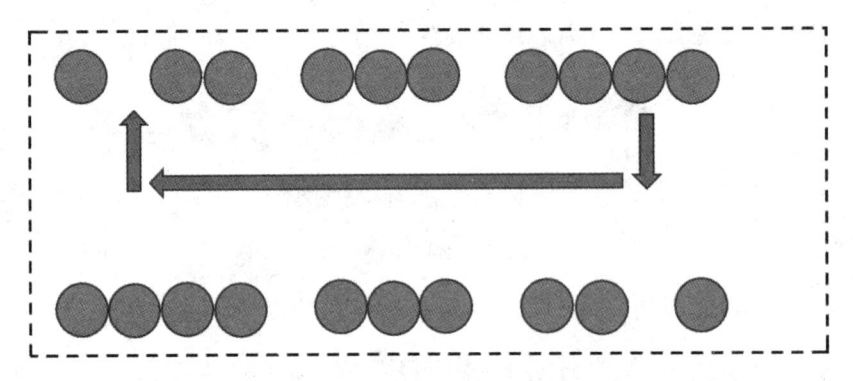

这个例子可以看出，孩子运算逻辑能力的培养，需要引导孩子学会观察，把观察到的信息形成思维的运算，再从运算中发现规律，形成逻辑推理的能力。

八、感觉统合力培养

培养孩子的感觉统合能力，运动是其中一个很重要的方面，因为运动可以发展神经网络，促进孩子的身心发展。除此以外，我们还可以通过绘画、视动能力训练（视觉和行动）等进行感觉统合力培养，让孩子在运动和肢体协调中促进身体发展，提升身体机能的同时，发展出很好的视、听、触、大脑和本体等统合能力。例如，日常我们可以让孩子一边看左边图形，一边用笔在右边图中描出一个同样的图形，左边的图形没有严格要求，一般年龄越小左边的图形越简单。

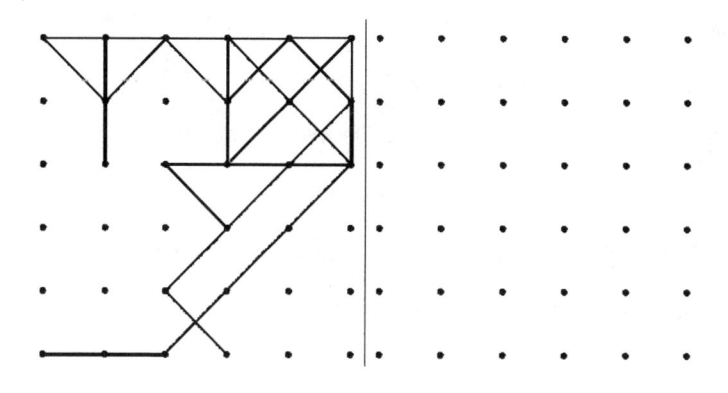

最后和大家谈的是如何评价孩子的学习能力。我们可以从心理动力学的知、情、意、行、效五个维度进行评价。那么，什么是知、情、意、行、效呢？

"知"指的是认知、观念，认知包括感知觉、意识和注意、记忆；"情"指的是情绪、情感，情绪和情感是由独特的主观体验、外部表现、生理唤醒三种成分组成；"意"指的是思维模式，并形成固定的观念与意志；"行"指的是行为与表现。知、情、意、行是一个逐步上升逐步整合的过程，从了解到触动，再到思考与行动，它们互相渗透、互相影响、互相促进、互相转化。"知"是基础，没有"知"，就没有正确的思想指导，就会出现行动上的盲目性、情感上的冲动性、意志上的动摇性；"情"是动力，没有"情"，"知"就很难发展到坚定的信念，

"意""行"便缺乏内在力量;"意"是支柱、杠杆,没有"意","知"容易动摇,情难以控制,"行"也就不能坚持;"行"是关键,没有"行","知、情、意"无法得到检验;反过来,有了"行"又可以加深、提高"知",增强"情",锻炼"意"。"效"是效果、成效,是知、情、意、行的终极目标。

衡量一个孩子的学习能力,如何看"知"?我们可以看孩子对学习知识的认知水平和认知能力,是否清晰知道学习的意义和掌握理解学习的内容,是否知道做什么、为什么做和怎么做,孩子是否明白学习的目的和意义,是否具有学习的动力性目标,能够把对学习的认知转化为学习自觉,能夯实学习基础,能在听课的基础上做到举一反三。

在"情"方面,孩子是否能在学习中投入情感,是否有良好的情绪体验,孩子在学习中能否做到专注投入,愿意花更多的心思在学习上,孩子在学科中是否建立良好的学科情感,是否能够理解学习内容并进行情感升华。

在"意"方面,我们评估孩子学习的意志力,是否具有学习的抗挫抗压力,是否具有良好的学习品质和钻研精神,能否独立开展学习活动,有明确的学习目标,清楚自己的学习任务,能自觉并持之以恒地履行自己的学习职责。

在"行"方面,评估孩子学习的行动力。判断孩子是否能够积极主动开展各种学习任务,是否能够认真投入,在学习过程中遇到问题或挫折,能否做到积极主动解决问题。

最后是在"效"方面,我们评估孩子的学习成效,这是评估孩子学习能力高低的重要体现。我们可以看孩子是否形成良好的学习习惯,是否能够具有解决学习疑难的能力,是否在学习中具备了学科知识和素养,是否能够运用学习到的知识解决实际问题,是否在学习中形成了良好的学习思维并提高了学习的成绩成效,是否在学习过程中取得了源源不断的动力和内在学习情感升华。

随着"双减"政策的执行、《家庭教育促进法》的实施,对家长而言意味着要掌握更科学、更系统具体的教养方法。家长只有了解教育,了解孩子成长的规律,掌握科学的教育教养方法,孩子成长才有力量,才能在"风浪"中稳若磐石,发展出优秀的学习能力,才能更健康地成长。

学后测评

1.分析探究:睡前故事是众多父母在带孩子的过程中都会经历的事情,下列三种讲故事的方式方法,请你说说它们的优缺点。

第一种:父母拿着故事书,照书本的故事读给孩子听。

第二种:父母拿着故事书,用自己的语言和情感"翻译"给孩子听。

第三种:父母编故事或与孩子一起进行故事句子接龙来编故事。

2.分析探究:请根据以下材料,你会怎样回应孩子的行为以提升孩子的学习能力?

情境:一个5岁的孩子在认真地画画,画面如下:

孩子:"爸爸/妈妈,这是我画给你的画。"

第十一讲　过程把控比目标激励更重要

> 胡慧娟，中学高级教师，全国班主任基本功大赛一等奖获得者，《武汉晚报》、武汉教育电视台等多家媒体报道名师。

在人力资源管理这门学科中，有一个观点非常突出，即绩效是不能考核的。很多朋友可能对此非常不理解——我们不就是经常谈论绩效考核吗？怎么又说绩效不能考核呢？人力资源专家会告诉您——

"绩效"本身就是结果，当结果已经出现了，考核和不考核都无法改变结果。但作为管理者，追求的就是好结果，而不是无法改变的也可能是不好的结果。如果要获得好的结果，就要把过程把控好。把控好了过程，才会避免有不好的结果。所以，绩效不能考核，但过程一定要好好地考核。

同样，"望子成龙""望女成凤"是每一位父母的心愿，然而"成龙""成凤"这个结果，却并不是"望"到的。只有把教育的过程做好，"龙凤呈祥"才有可能。

孩子如同一粒种子，从钻进土壤的那一刻，体内的生命密码就被启动，没有人知道它会长成什么样子，我们知道的是，这粒种子需要持续的光照。一缕冬日的阳光，是可贵的、温暖的；而一束聚焦的强光，是可怕的、致命的。在家庭教育的过程中，孩子需要的是"刚刚好"的关注。这种"刚刚好"的关注，不是以父母的需要为中心，而是以种子的成长为中心，给予一个安全的、适宜生长的环境，给予恰到好处的浇水、施肥、培土。

以学习为例。家庭教育的一个重要功能，就是关注孩子的学习，引导孩子乐于学习、善于学习、学会学习、养成终身学习的习惯。然而，在引导孩子学习的过程中，不少父母给予的是过度的、错误的关注。他们使出"洪荒之力"，幼儿园、小学、初中、高中，一路说教、打骂、陪同，费尽心力，可结果呢？孩子们不仅没爱上学习，积极性、主动性不高，不少孩子还出现了厌学的情绪。面对孩子的学习引导，我们如何做到"刚刚好"的关注，让这个关注的过程更好地服务孩子的成长呢？我认为下面几点是很有必要与各位进行交流的。

一、要"明"目标

目标缺失的孩子，是很难爱上学习的。

对于目标，我们对孩子说的最多的是"好好学习""考个好成绩""考所好大学"等。那么，究竟什么算"好"呢？孩子考了98分，父母的反应是"那两分咋丢的"；孩子考了班里第二名，父母的反应是"第一名是谁"；孩子考了班里第一名，父母的反应是"全年级第一是谁"；等孩子好不容易考了全年级第一，父母的反应是"别骄傲，比你考得好的人多的是呢"！

如此看来，这貌似平常的一个"好"字，却成了孩子永远无法触及的顶峰。这个似乎非常明确，其实非常模糊的目标，一次又一次挫伤了孩子的驱动力，让他们渐渐迷失了"为什么而学"。

作为父母，我们不能给孩子设置这样的目标陷阱，而应该针对孩子的具体情况，和孩子一起共同确立明晰的目标。首先这个目标应该是具体的，"我要考一所好大学"，那么，这所好大学是哪一所大学呢？这所大学近三年的录取分数线是多少？你目前的总分是多少？和这所大学的录取分数线有多大差距？你还可以在哪些方面做努力？……一个又一个问题，将虚无缥缈的目标勾勒成具体、明确的指标和参数，目标就更容易实现。其次，这个目标应该是有挑战性的，鼓励孩子跳出自己的舒适圈，选择一个有一定难度、不太容易实现的目标。在实现的过程中，使孩子更真切地体会到付出后的回报。再次，这个目标应该是阶段性的，帮助孩子将目标分解成短期目标、中长期目标，并设定父母督促检查、个人总结反馈相结合的环节，促使孩子达成目标。最后，这个目标应该是家庭目标的一部分，让孩子明白实现目标的路上，所有的家人一直都跟他在一起。

二、要"强"动力

动力不足的孩子，是很难爱上学习的。

对孩子而言，外部的动力是不持久的、脆弱的；唯有内在的动力，才能使孩子充满热情，在学习的道路上越走越有劲儿。作为父母，我们不能只一味关注成绩，打压孩子，扼杀孩子的"内驱力"，而应该未雨绸缪，把动力装置安放在孩子成长的每一个阶段。

首先我们得把学习的主动权交给孩子，通过各种方式清楚地告诉孩子，学习是他自己的事情，让孩子对自己的学习负责。孩子刚刚接触学习时，我们必须充分了解孩子的兴趣爱好，利用日常生活的场景和机会，让孩子用自己学过的知识去实践，使他们明白知识是有趣的，学习知识是有用的。当孩子学习有收获时，我们必须通过多种渠道，采用多种方式，及时地给予表扬和肯定，并创造机会，让孩子当家庭小老师，搞家庭小比拼，分享学习成果，使孩子体验到价值感、成就感、满足感，激发他们的自信心。孩子学习出现问题时，我们必须给予理解、宽容，并且进行热情的鼓励，特别是提供必要的帮助，保证孩子动力满满地走过学习的低谷。

更重要的是，各位可以采用"梦想存折"或者"阶梯式积极评价"为手段，不断肯定孩子"今日"的行为，为孩子的"明日"提供动力。这里的"今日"就是今天、当前；"明日"就是第二天，而不是"未来"。因为用"未来"激励，很远，只有肯定了"今日"才能为"明日"提供动力。至于今天的肯定能否为后天提供动力，不重要，因为"后天"是明天的明天，明天的那个"今日"做好了，后天自然会有动力。

这里请大家给我一点时间，让我给各位介绍一下什么是"梦想存折"或"阶梯式积极评价"。二者本质是一回事。简单来说，就是把今天为"梦想"而做的努力（即好的表现）记录下来，记录到一定次数或分数（您可以设计一个分值系统），就可以获得一定的"利息"，而"利息"可能就是某种物质奖励或者愿望的满足。因为物质或者某种愿望是孩子直接获得的，也就是尝到的即时甜头，这是激励孩子继续做的重要手段。

这件事情做好了，孩子就可以获得可持续的发展动力，因为他们的价值感得到了满足。

三、"养"习惯

好习惯，造就好成绩；好习惯，成就好人生。

家庭教育的重中之重，就是培养孩子良好的行为习惯、学习习惯、思维习惯、人际交往习惯等。

好习惯是"养"成的，是在父母的主导下，有意识、有步骤、有策略地养成的。要着力培养孩子的好习惯，首先父母得明确需要培养哪些习惯，每一项习惯需要达到什么要求，并耐心地把要求一项项讲给孩子听，一步步做给孩子看，一条条去落实。在"养"习惯的过程中，父母必须以身作则，率先做到，并对孩子进行督导，及时关注，及时点评，及时纠错。好习惯的养成不是一朝一夕之功，需要父母和孩子一起不断反复，然后习得。无论孩子是否完全按照要求完成，父母都应该坚持正面引导，充分肯定孩子完成得较好的部分，给予孩子愉快的体验，激发孩子反复练习的兴趣，更好地保证好习惯的养成。

以学习为例。为了让孩子"学习好"，不少家长是让孩子上培训班的，或者家长自己就提前教孩子了。殊不知，这种"缺"而后补或者"学习剧透"的方式都将是对孩子学习习惯的破坏。"缺"而后补的结果是，一旦你走上了补习的道路，就下不了这艘船；而"学习剧透"最直接的结果是破坏孩子上课听讲的习惯。

而真正的学习习惯的培养，是培养孩子的自学习惯，从而提升孩子的自学能力。拥有了自学能力，才算是学会了学习；学会了学习才是让孩子拥有了可持续发展的能力。那么如何培养孩子的自学习惯呢？那就是"一个中心，四个基本点"。"一个中心"就是以家长的陪伴和鼓励为中心；"四个基本点"即以温故知新为基本点，以探索新知识为基本点，以探索新知识的程式为基本点，以探索的新知识拓展为基本点。"一个中心"是孩子归属感和价值感的满足，是动力的根本；"四个基本点"是联结新旧知识，是懂得学习路径，是独立自主的摸索，是规律方法的提炼。

四、"巧"归因

在孩子的成长过程中，尤其是学习的过程中，孩子必然会面临失败和挫折。如果孩子没有达到家长的预期，绝不能冷眼相对，甚至厌恶嘲讽，"你怎么这么笨！""你怎么这么没用！""看看，我提醒过你多少次了，你就是不听！""你这个孩子，就不是块读书的料！"

这些话会导致孩子的消极归因：我是没用的，我是个笨蛋，我不会读书，我总是容易把事情搞砸，我是不被爱的！这些消极归因会导致孩子的自我评价不断降低，沉溺在失败的阴影中难以自拔，变得紧张、敏感、压抑而自卑。

作为父母，我们应该第一时间站在孩子身边，坚持做到鼓励在先，批评在后，帮忙解决问题在先，总结经验教训在后；引导孩子多方面归因，不仅看到导致失败的客观因素，更要看到失败结果中的自我成功之处。要让孩子明白：失败也是有价值的，失败是不可怕的。积极的归因方式，有助于引导孩子直面现实，直面失败，接纳自我，评价自我，变得自尊自信。

各位学员，我认为如果我们做好了上述四点，我们就算做到了"刚刚好"。我也相信，我们做得刚刚好了，也就把教育孩子的"过程"把控得刚刚好，收获一个不错的结果，应该不是梦。

虽然前面不少专家分享了他们的教育智慧，这里，我还是想和大家交流一点——慧生活。因为父母是什么人，或许比父母怎么做更重要。作为父母一定要学会"慧生活"。

慧生活，就是学会珍视当下的生活，给孩子直面现实的勇气。面对眼前的困境，我们既不怨天尤人，也不牢骚满腹，而是恪尽职守，竭尽全力，关注每一个细节，做好当下的每一件事。

慧生活，就是永远保持成长的姿态，给孩子昂然向上的榜样。孩子，从来都不是我们成长道路上的阻力，而是我们实现梦想道路上的动力。我们中的每一个，都应该用实际行动告诉孩子，无论何时，都要为了梦想而努力奋斗。

慧生活，就是经营好自己的婚姻，给孩子实实在在的幸福与安全。孩子最需要的，不是父母过度的关注，而是父母之间真挚亲密的爱。作为父母，我们理应关爱配偶，营造美满恩爱的家庭氛围，用爱滋润孩子的心灵。

成功的家庭教育，是从高质量的过程把控开始的。在这个过程中，父母不仅懂得给予"刚刚好"的关注，更要懂得做好自己，然后不乱、不慌、不焦、不躁，美好自然而来……

学后测评

  1.简答题：如何引导孩子确立明晰的目标？

  2.论述题：如果你的孩子缺乏学习动力，你准备从哪些方面去帮助和引导他？

  3.论述题：如何培养孩子好的学习习惯？

第十二讲 如何培养高情商的孩子

秦联，心理咨询师职业技能培训讲师，重庆三家医院的心理咨询师督导，高级心理咨询师，整合性艺术治疗初级导师。

今天我们就孩子的"情商培养"问题进行交流。

这些现象估计大家并不陌生——

孩子在学校沉默寡言，回避与同学、老师的社会交往，成为班级的边缘人或隐形人；或者人际关系敏感，常常感到来自同学或老师的敌意，要么冲动地情绪化表达愤怒，要么时时担忧受到伤害，甚至惊恐发作，难以在学校停留；或者压抑情绪，隔离情感，偏执地只讲道理和对错，变得呆板僵化，死气沉沉；或者缺乏动力，丧失目标，心境消极灰暗，常常感到迷茫和无意义；或者无法识别他人情绪，难以察言观色，从而在人际交往中陷于冲突争执而不自知；或者小事化大，过度敏感，易情绪化，而难以平复。而你在家与孩子也是争吵不断，或者难以有情感连接或沟通。

这个时候，您是不是既抓狂又无力？

相信今天的分享可以帮助家长们看见真相，抓住重点，不再那么无力无助。

首先，请允许我给各位分享两个著名的心理学研究结果——

一、情商的重要性

1940年，心理学家韦克斯勒（Wechsler）在关于社会成功的大型社会实证研究中，提出普通智力中的非智力因素，并于1943年提出非智力因素是预测个人成功的关键因素："一个人的成功等于20%的智商加上80%的非智力因素。"

非智力因素的主要功能就是情商；智商不高而情商高的人能够成功（勤能补拙），而智商高情商低的人却难以成功（恃才傲物）；同时，情商（EQ）影响智商（IQ）的发挥，情商和智商协同发展使人自身的发展和提高更加和谐、完善，达到更高的水平。

二、关于智商和情商的实证研究

美国盖洛普调研机构在2000年时调查了188个公司，测试了每个公司高级主管的智商和情商，并将每位主管的测试结果和该主管在工作上的表现联系在一起进行分析。结果发现，对领导者来说，情商的影响力是智商的9倍。智商的输出主要是知识和专业能力，而情商的输出是自我状态及人际关系状态，表现为更好的团队合作能力和人际关系影响力，因此情商比知识更重要。

相信各位已经了解情商对于社会成功的关键作用，无论青少年，还是成人，情商比智商更重要，情商比知识更重要。

那么关于孩子的情商，我们需要了解哪些关键内容呢？

第一，情商的定义与构成

1995年，美国哈佛大学教授丹尼尔·戈尔曼明确提出了"情商"的概念。情商是一个人重要的生存能力，是一种发掘情感潜能、运用情感能力影响生活各个层面和人生未来的品质要素，是指人对自己情绪的管理能力和在社会上的人际交往能力。

综合国内外专家研究，情商主要包括以下6个方面。

1.自我情绪认知能力

自我情绪认知能力是指对自己的喜怒悲惧等积极、消极情绪的觉察能力，是对自己情感、情绪的自我反省、自我认识的能力。

2.自我情绪管理能力

自我情绪管理能力是指根据自身情况、环境状况、人际交往状况把握、管理、适当表现、发泄自己情绪的能力。自我情绪管理不是压抑正常情绪的表现、发泄。

3.识别他人情绪能力

识别他人情绪能力是指通过他人的姿态、语气、表情、动作等了解、体察其情绪的能力。了解、识别他人的情绪要求具备"同情心""同理心"。

4.预见未来的能力

预见未来的能力是指把握及认识各种事情的发展动态、趋势的能力。能否预见未来，根据具体情况及时采取行动或耐心等待，是衡量一个人自信心、持久力的重要参数。

5.人际关系协调能力

人际关系协调能力是指与同事、同学、上级、下级、朋友等和谐相处的能力，是一个人社会适应能力的表现。

6.自我激励能力

自我激励能力是指充分利用各种手段激发自己的能动性、创造性的能力。充分认识自我、激发自我潜力是成功的内在动力。自我激励能力强的人善于渡过困境，也能在顺境中把握自我。

各位学员，我相信很多家长和老师更关注学习问题。现在我们来交流第二个问题——换个角度看学习。

第二，换个角度看学习

英国精神病学家约翰·波尔比（John Bowlby）从1944年开始，开展了一系列"母亲剥夺"的研究并指出：儿童只有把父母作为安全基地才能有效地探索其周围环境。按照对安全感的无意识操作，人类只有两类行为：亲附行为与探索行为。

亲附行为是个体回到安全基地，增加安全感的行为；探索行为是个体离开安全基地，去外部世界探索，消耗安全感的行为；个体只有有了足够的安全感，才能表现出探索行为。青少年学习的本质就是一种在知识或符号的海洋中探索的行为，是一个社会适应的过程，需要不断消耗安全感，因此也需要安全基地不断补充安全感。

按照依恋理论，青少年的依恋类型在一岁半时就初步定型，按照内在安全程度高低可以区分为安全型、回避型、焦虑矛盾型、紊乱型四种类型，如果没有重大的疗愈或创伤，这个类型会自然重复到青春期和成年期。

类型不同会对孩子的学习效率形成重大影响，见下表：

依恋类型	内在安全感	外在安全感	社会支持系统质量	亲附行为时间	亲附行为效率	安全感恢复	探索行为时间	探索行为效率	学习效率	备注
安全型	高	要求低	高	短	高	快	长	高	高	智商相同情况下
回避型	低	要求一般	不高	不长	不高	一般	长	较高	较高	
焦虑矛盾型	更低	要求较高	低	较长	低	慢	不长	低	低	
紊乱型	极低	要求最高	极低	最长	最低	最慢	短	最低	最低	

从上面的表格中我们可以发现内在安全感的高低不同对孩子的学习效率有重大影响。下面我们就来谈谈情商在孩子学习中的意义。

第三，情商在孩子学习中的意义

经由上面的分析，我们可以得出初步结论。情商越高，孩子提升内在安全感的方式越有效，越有助于高效学习；情商越高，孩子调节、耐受外在不安全感的能力越强，整体安全感高，越有助于高效学习。相反地，情商低的孩子难以识别和管理自己的情绪，内在安全感易波动，破坏学习内驱力，且有限的时间和心理资源被浪费在低效的自我安抚上；情商低的孩子难以识别他人的情绪，或者对他人情绪过度敏感，人际协调能力不佳，外在安全感易波动，破坏学习内驱力，且有限的时间和心理资源被浪费在外界冲突中；情商低的孩子易对未来作悲观预测，自我激励能力差，内在及外在安全感不足，很多的内在冲突与纠结，有限的时间和心理资源用于低效地补充安全感，难以高效地发展探索行为——学习。

智商的差异不足以解释学生成绩上的巨大差异，而情商更可能是一个决定学生成绩高低的关键因素，需要家长及老师的高度重视。

那么，我们如何帮助孩子训练或提高情商呢？

第四，如何帮助孩子训练或提升情商

1.关注情绪，不批判情绪，提高自我情绪调节能力

情绪本身没有对错，情绪推动产生的行为会产生不同的后果，后果有好坏之分，所以行为也有好坏之分或高效、低效之分。我们要聚焦同样情绪背后不同的行为表达及其后果，逐渐学会升级我们的情绪行为，而不是压抑或批判我们的情绪。

当我们时刻懂得关注自己情绪的时候，我们就可以利用情绪ABC的原理，对情绪进行调节与管控。这里我有必要向各位说明一下情绪ABC

原理。

某位学生某次考试考砸了,他感到失望、生气、焦虑等,认为是考试成绩不理想这个外界因素【A】让自己变得沮丧和挫败【C】,其实真相是面对同样的A,会有不同的C,例如C1:沮丧、挫败,想逃避、放弃,对未来感到焦虑;C2:沮丧、挫败,但无所谓,想躺平;C3:沮丧、挫败,同时对自己的表现不佳感到生气,想反败为胜(还可以有其他未列举出的情绪反应)。

这说明我们的行为不是由A直接推动的,而是由每个人内在的信念、价值观和对A的解释【B】决定的。例如对应C1的B1可能是"我总是运气不好,考试那么重要,偏偏总有这样那样的不如意,不考试就最好了";对应C2的B2可能是"我的成绩就是这么波动,这次考试没那么重要,随遇而安就好,反正我的成绩怎么都能上个大学";对应C3的B3可能是"我只是一次发挥失常,错误暴露出自己未曾真正掌握的技巧或知识点,可能是最近有些松懈,自己要调整一下自己的学习节奏和速度,扎实准备,争取下次考试正常发挥"。

由此看出,A这个外界刺激因子无所谓对错好坏,只是生命无常在此时此刻的一个呈现而已;C是对这个刺激产生的情绪反应,对应这个情绪C就会有对应的行为、后果,我们要调控行为及其后果,重点不是改变A,而是去修炼提升内在的B。

情绪来的时候,是没有对错好坏的,我们不要去评判、指责、压抑自己的情绪,而是尊重、接纳自己当下的情绪;在此基础上,我们去关注情绪背后的信念和动机,去思考自己可以如何改变内在的B,从而逐渐在试错过程中把每个问题都转化为自己生命能量成长的机会。

在前述举例中,我们可以通过挖掘情绪背后隐藏的成长动机,"我是在乎学习成绩的,否则自己不会失望、沮丧和挫败。我既然要面对考试的方式,重视考试的价值,我就要研究考试和备试的规律和技巧,让自己可以事半功倍,努力+智慧,下次发挥正常"。由此激励自己反败为胜,那么我们就可以读懂负面情绪传递的信息,转化为自己成长的助力。

2.对自己失控的情绪全面复盘

每个人或多或少都会有情绪失控的时候,高情商孩子训练在事后对情绪过程进行复盘。用日记记录整个事情的发生及心路历程,写作与记录能够帮助我们缓解情绪的冲击,更重要的是让我们内心恢复平静。

高情商孩子在自己情绪失控的时候进行情绪复盘,并制定情绪转移方案与危机应对方案,这样未来可以提前对自己的情绪进行预判,也会有更多的办法来有效应对。

例如,今天和某同学发生了激烈争吵,都想动手打人了。

日记记录:

(1)给自己的情绪状态用10分制评分,最愤怒是10分,轻松是0分;事件开始前愤怒是1分;

(2)他走路不小心把我的文具盒撞到桌子下了,文具撒了一地;

(3)我说"你怎么这么不小心呀"!愤怒是3分;

(4)他说"就不小心了,怎么样吧"!愤怒升到5分;

(5)我说"把东西捡起来,给我道歉"!愤怒还是5分;

(6)他说"我是正常走路,是你把东西乱放,才会掉下去的",他强词夺理,我的愤怒升到6分;

(7)我就抓住他的衣领,强迫他给我道歉和捡文具,他还反抗,愤怒升到8分;

（8）愤怒升到8分后，我想把他的鼻血都打出来；

（9）同学们来劝架，老师也来了，我就没有打他；

（10）老师批评了他，让他给我道歉；也批评了我不可以动手；愤怒下降到4分；

（11）日记和情绪复盘写到现在，感觉快平静下来了，愤怒下降到2分了。

总结：

（1）今天如果动手打人，打出鼻血了，我会被记过，还会请家长，这个后果我不愿意承受，所以今后要避免愤怒升到8分的情况。【危机】

（2）危机应对方案：每次愤怒分数上升时，我若能够更平和地应对，冲突就不会升级；请好朋友在我和同学有肢体接触时，马上提醒并拉开我。

（3）情绪转移方案：一开始就选择息事宁人，不是我懦弱，而是我主动把时间花在更有价值的休息上，避免发生我不喜欢的后果（例如文具盒掉在地上，捡起来之后，自己出门去做自己喜欢的事，例如打打篮球）；同学不讲道理时，告诉自己夏虫不可语冰，恶人自有恶人磨，社会迟早有一天会教育他，不需要我今天来代劳；要求同学道歉和承担责任之后，同学不愿道歉时，就不理他了，自己去找好朋友讲笑话……

3.重视维护社会支持系统

高情商孩子懂得经营自己的朋友圈，不会等到有需要的时候才找同伴，而是在平时就会定期维护。

（1）相关节日会送一些特别定制的小礼物；

（2）定期与朋友聚会，照大头贴，玩剧本杀，看电影等；

（3）一起在学校食堂就餐、说话；

（4）温暖地陪伴朋友的负面情绪，创造共同的美好体验。

高情商孩子懂得维护好和老师、家长的关系，节假日给老师、家长送小礼物，写卡片感谢老师和家长的付出；在沮丧无助时，就可以得到有力的支持和陪伴。

高情商孩子懂得通过社区和110来获得支持，日常主动参加社区的青少年主题活动，和社区的社工老师建立联系，拿到电话号码；必要时可以电话或短信一键求助，避免被校园霸凌、家庭暴力、性骚扰等事件的伤害。

4.擅长倾听，真诚沟通

高情商孩子训练倾听，懂得听比说更重要。在倾听过程中全神贯注，不评判对方，不轻易打断对方，换位思考。

在沟通过程中，做到先稳定情绪，后处理事情或厘清谁对谁错。

真诚是高情商人际沟通的第一要诀，说话既不硬，也不软，而是情理交融，充分表达自己的感受，也对对方的感受感同身受，不仅仅是讲道理或各种心灵鸡汤。

例如好朋友之间吵架了，你作为双方共同的好友应该如何去倾听和陪伴。

（1）不论哪个朋友找到自己，都先找一个安静、不被打扰的场地；

（2）听朋友诉说时，先跟随他的情绪，让对方多说，再主动询问他的情绪和身体感受，对方说不出时，用"我猜你的情绪是不是……"来代为言说；千万不能否认或质疑对方的感受；

（3）不要忙着说对错，或者选边站，先充分地跟随对方的情绪和感受，来建立起同一个战壕战友的感觉；主动询问对方在这件事情上"内心的想法是怎样的？""对自己、他人、环境的期望是什么？"注意此时不要去评判或指责对方的期望或想法；

（4）对方情绪平复后，再说事情的来龙去脉和对错，再讲道理；讲道理时要充分地理解和认同对方的内在逻辑和信念；不将自己的观点强加于人，也不盲从对方的观点，允许每个人的视角和观点不同；

（5）最后用朋友的期望或欲望来塑造对方，指出他当下行为或观点、想法与自己愿望之间的不一致，促进朋友的反思和自我澄清、觉察，促进新的高效行为的发生；

（6）以上过程可以简化记忆为"先跟随，后带领"。

5.凡事乐观，自我激励

高情商孩子训练自己乐观积极的心态，用"换框法"处理任何不能接纳的事物，用"辩证法"评估事态后果，对未来充满希望。人只有特点，没有缺点；缺点用对了地方都是优点；增加对自己的包容和接纳。

高情商孩子充分利用各种手段激发自己的能动性、创造性，善于渡过困境，也能在顺境中把握自我。比如，青春痘长得太茂盛了，影响形象，增添麻烦，十分烦恼。

（1）用辩证法评估事态后果：青春痘太多的后果一定是一分为二的，有影响形象、增添麻烦的不良后果，也有激素分泌旺盛、新陈代谢快、利于身体发育的好后果；

（2）用换框法处理：有的同学迟迟不发育，想长青春痘都长不出来，我长出来是好事；与其未来谈恋爱时，满脸青春痘，不如现在就长，以后谈恋爱时，身体适应了，有更好的形象和自信；

（3）对自己的包容和接纳：我现在就在谈恋爱，还长这么多青春痘，好难受；这是自然的生理现象，是老天爷的事，我只能接纳和臣服；而且满脸青春痘，对方都不嫌弃我，说明是真爱，不是外貌协会的，是爱我的才！

最后，我很想对各位说——情商比知识更重要。

在教育资源稀缺的时代，知识决定一个人的成功程度，愚昧是人生失败的主要成因，所以智商是非常重要的。但今天是信息爆炸、教育低成本普及化的时代，知识早已经是唾手可得，不再是人生成功的制约条件，而团队合作、领导力才是人生成功的关键因素，因此情商比知识更重要。

思考如何高效提升学生的学业时，孩子内在安全感和情商培养的角度需要得到高度的重视，我们有以下建议：

（1）家长要有智慧去经营好孩子的安全基地，具体就是优先经营好夫妻关系，而不是逃避到亲子关系中去；

（2）经营好亲子关系中的感受。好的亲子关系是有效亲子教育的前提条件。当孩子回家就把自己锁在自己的房间里时，要看见孩子已经不把父母和家当作安全基地，安全基地已经缩小到家中的那一个房间了，这实际上是在说亲子关系中的感受不好了，需要修复关系了；

（3）尊重孩子的生理和心理空间，保护好孩子的自主性、好奇心和内驱力。孩子所有的不可爱都是在呼唤正确的爱，正确的爱是平等与尊重，是规则中的自由，建议家长学习《正面管教》；

（4）学校和家长应该合作起来为孩子的情商培养创造环境和条件，为孩子创造更多的安全感、更大的安全空间，为孩子提供修复安全感的系列训练和情商训练的系列课程。避免孩子在学校畏惧环境、出现心理问题，支持孩子把更多的时间和心力投入真正的学习中去。

今天就到这里，但愿大家能够收获到自己想要的东西。

学后测评

1.多选题：如果你是孩子的父母，学习本课之后，你会如何应对孩子

的情绪失控？（　　）

A.先陪伴情绪后处理事情或对错

B.严厉批评孩子，要严格控制自己的情绪

C.不允许负面情绪出现，因为是倾倒心灵垃圾

D.告诉孩子情绪与情绪行为之间的区分，任何情绪都要被允许和尊重

2.简答题：亲附行为和探索行为的区别是什么？为什么学习要归入探索行为？

3.简答题：情商低的孩子，为什么学习效率会不高？

第十三讲　逆商，让孩子的未来更美好

第一节　寻找培养高逆商的宝藏

杨雪勇，家庭教育指导师、国家二级心理咨询师，《家长》杂志专栏作者，《金华电视台》亲子栏目"亲子空间"特约嘉宾。

这次和大家分享的是关于孩子耐挫力的话题，就是通常所说的逆商。说起逆商，2019~2020年的中国国民心理健康发展报告让人触目惊心。报告指出24.6%的青少年抑郁，其中重度抑郁的比例为7.4%，自残自杀的比例逐年升高。今年有两起青少年自杀上了热搜。

一是广州知名教育专家的儿子张××。他考取了号称美国南哈佛的埃默里大学，但上了一学期后自杀离开了这个世界，理由是太累了；二是知名经济学家宋××的12岁儿子坠楼身亡，疑似因不堪承受太大学习压力，选择轻生。

两起热搜看似不同个例，实则是当下青少年心理抗逆力的现状。网络搜索自残自杀的新闻有3900万条信息，可以想象，每一条信息背后都是关于一个生命、一个家庭的故事。自杀已成为现代社会的十大死因之一，并已经成为15~35岁青年人死因的前三位。

我们不禁要问，到底发生了什么，现代青少年心理如此脆弱？

有人说，现代文明社会的压力太大了：全球经济危机、恐怖危机、疫情危机……互联网大批裁员、996加班，晋升通道狭隘；房价高企、家庭不睦、教育内卷、身心疲惫……无处不在的压力让现代人如同困兽一般在钢筋混凝土的森林里咆哮。由此，现代人身心疾病越来越多，诸如焦虑、抑郁、睡眠障碍、躯体症状等。

似乎时刻面对压力情境是现代人无可摆脱的命运。可是，我们也看到了一部分人面对压力，逆流而上。那么，面对压力情境为什么有的人在压力中变得筋疲力尽、倦怠、功能失调，甚至走向轻生。而另一种人却能在同样压力的环境下高效地工作，对工作充满热情，取得卓越的成绩。

所以，我们是有必要去培养孩子的逆商了。

每个人都可能面临困境，甚至是毁灭性的、难以承受的困难。高逆商的人能够用建设性的方式解决生活中的不幸。压力来时，他们也会感到悲痛、愤怒、失落和困惑，但他们不会让负性的情绪长期困扰自己，他们会用自己的方式疗愈自己，让自己变得更加强大。正如尼采所言："那些杀不死我的，必将让我更强大。"

美国巴顿将军有一句名言："衡量一个人成功的标志，不是看他登到顶峰的高度，而是看他跌到谷底的反弹力。"看待一个人的成功，我们不是看他台前的风光，而是幕后扛事的能力。扛事能力就是指一个人的逆商、心理的韧性，他是否可以在失败时积蓄能量，寻找转机，获取人生的新高度。

高逆商的人到了社会会受欢迎，斯托尔兹（Stoltz）在其出版的《逆境商数》一书中写道：如果你想成功经营企业，那就选拔逆境商数高的员工吧；如果你自己想要成功，那么让自己的逆商提升吧。逆商已然成为现代社会人才选拔重要的考核维度，唯有一个高逆商的人才能在挫折中汲取养分，在竞争中走得更远，在行动上敢于勇立潮头。今天我想告诉各位一个秘密：高逆商的取得，与作为父母的我们早期如何陪伴我们的孩子息息相关。

下面，请各位跟随我的课程一步步找到培养高逆商的宝藏。

我们都希望自己拥有高的逆商，同时可以拥有培养孩子高逆商的能力。要了解逆商，我们从逆商的发展说起，逆商的研究经历了哪几个重要的阶段？

逆商第一次被提出是在1972年。心理学家巴特（Rutter）对母爱剥夺进行了研究，特别是在母爱剥夺实验中因个体差异作为研究的主要方向。他发现在同样挫折环境中长大的孩子，会出现截然不同的行为应对方式：其中一类儿童出现"无坚不摧"的现象，他们长大后虽然身处逆境，但仍然身心健康；他们善于表达情绪，适应良好，懂得感恩。统计显示有近50%的儿童成长为成功、自信、能力很强且很体贴的人。通过大量的样本对比，心理学家提取屈服逆境者身上没有而成功人士身上拥有的品质。最后，心理学家得出了心理抗逆力有两个因子——"内因和外因"。特征因子是内因，是指个体本身所具有的心理能力和人格特质，包括积极性倾向、生活乐观性、寻求新鲜好奇、独立等。如果你拥有这些特征因子，你就拥有了抗逆力的人格基础。外在保护因子是外因，是指个体从外界获得的社会支持与帮助，也就是指你的生长环境。

我们来看一个案例：

青年励志电影《隐形的翅膀》的人物原型、第三届感动内蒙古的人物李智华，在3个月大时因为火灾而失去双臂。她出生在贫寒的农家，母亲患有精神疾病，相当于被动的母爱剥夺。她说父亲在火灾中抱起她时，烧焦的两只手直接掉落下来，李智华的成长之路充满着艰辛。但这个顽强的女孩，用双脚叩开了求学之路，在困境中逆袭，踏向高校的大门。2004年12月18日，中国残联、教育部、共青团中央、全国妇联联合发出通知，号召全国青少年向李智华学习。如今，李智华是讲过1000多场的青年感恩励志演讲者、中科院心理研究所在读博士生、国家二级心理咨询师，还有一个幸福美满的家庭。

李智华的成功逆袭，正好表明了逆境带给她的成长。她积极乐观的性格表明她拥有良好的特征因子，同时有来自家人、社会支持的外部因子。这种内外因的一致性让她的自我效能感持续不断地突破自己。她的故事，是非常好的高逆商榜样，激励着千千万万人勇敢挑战生活的难题。

然而研究并没有止步，心理学家看到了相同处境，结果完全不同的案例，有些人即使拥有了保护性因子，并没有发展出良好的特征因子，出现适应不良，于是关于逆商又有了新的发展。

同样是遭遇困境的山东女孩乐乐，在她6岁时触摸到电线后双手截肢，后来一直生活在触电的阴影中无法调整过来，惊恐、自闭，最后无法正常社会交往，一直在父母的照顾下生活，在父母年老相继离去后，乐乐并没有如同她的名字一样快乐地生活，最后凄惨地死在家中，令人唏嘘。

也许我们会说乐乐是个案，那么我们来看一下那些饱读诗书的天之骄子——博士。说起博士，大家都会投来羡慕的眼神，他们是当今社会家长培养孩子的目标，是别人家的孩子，某种程度代表的是一种成功。但是，如果你在网上输入关键字"博士自杀"四个字，满屏跳出来的信息让人触目惊心：

"苏州南大女博士跳楼，聊天记录曝光" "跳楼、上吊、服安眠药……双一流高校博士自杀，遗书曝光" "浙大又一女博士自杀，一天工作十四五个小时，面对美好未来选择结束生命" "武大一博士后跳楼自杀，30年来，他一直没能与自己和解"……

这些案例表明，个体或者环境的保护性因素对于抗逆力来说是必要的但不是充分的条件。于是，第二次提出逆商，这次抗逆力关注的是保护性因素间是如何作用的？作用过程成为研究的热点。逆商研究的命题从"What"转向"How"。很多父母会告诉你说，从小我们给他良好的物质条件，想要什么有什么，这样的环境难道还不好吗？Rutter（巴特）认为，心理抗逆力的研究不仅仅是找到心理抗逆力的保护性因子——良好的环境，更应该找出因子间，以及与环境间是如何作用的。

这时，一系列关于逆商的理论模型如雨后春笋般涌现。心理学家詹姆斯（James）提出人际情境影响模型，认为人际情境（感受到父母的参与、社会支持、贫穷等）会影响个体的自我（自我效能感、人际关系圈等）。说得直接一点，就是家长与孩子的互动方式直接影响孩子的自我建构。积极的自我影响行为产生积极的结果，消极的自我影响行为产生消极的结果。作为家长，我们需要觉察自己的互动模式：当遇到困难时，你是如何处理的？你的应对方式如同山谷间的回声一样，会传递给你的孩子，成为他面对困境时的应对方式。

后来，心理学家提出了系统模型、认知情感人格系统、"个人-过程-环境"抗逆力模型等。其中，心理抗逆力的过程模型被大家更多地接受，Richardson（理查德）的模型解释了个体心理抗逆力的发展过程，在生活事件面前，保护性因子会帮助个体渡过难关，但一旦压力超过保护性因子的控制范围，原有的平衡会被打破，个体会产生一些消极的情绪体验，像恐惧、内疚、迷惑等，个体机能因此而失调，会出现四种情况：

（1）心理抗逆力重组，即创伤后恢复程度超过以前，人获得成长；

（2）回归性重组，即恢复创伤前的状态；

（3）缺失性重组，即没有达到以前的平衡，为了获得新的平衡，舍弃了一些东西；

（4）机能不良重组，个体通过消极的反应应对逆境。

遇到逆境时，个体的机能在失调与重组间来回摆荡。自体心理学派创始人科胡特说孩子的成长需要经历恰好的挫折。作为家长，我们需要让孩子经历适度的成长挫折，过度呵护反而剥夺了孩子的成长，如同在剪掉孩子成长需要的腾飞翅膀。如果不懂其中的道理，我们以为的良好保护因子，实际上却是一种伤害！

随着积极心理学的兴起，研究抗逆力的心理学家开始用一种新的视角考察心理抗逆力，对心理抗逆力的研究开始进入临床干预的阶段。积极心理学家塞利格曼（Seligman）认为：健康、适应良好、能力和资源才是心理抗逆力的研究对象，而不是病理、缺陷和困顿。这个理论的提出，彻底改变了人们看待抗逆力的视角，抗逆力不再如同智商一样与生俱来，而是可以在成长中不断获得提升的，为家长们培养孩子的抗逆力提供了理论上的依据。

第三次抗逆力的提出为人们打开了一扇通往心理健康的大门。心理抗逆力是个体天生潜能（每个人都拥有），只有在一些需要得到满足的情况下，潜能才获得激发。所以，打开孩子抗逆力潜能的钥匙是创造恰好的外部保护因素，如建构良好的亲密关系、亲子关系，主动积极参与学校、家庭、社会的活动，让孩子融入同伴群体。通过营造良好的外部因素满足青少年"安全、爱、归属、尊重、掌控、挑战、技能和价值"心理营养的需要，然后帮助他们发展出"合作、共情、问题解决、自我效能感、自我意识以及目标与志向"的品质，当他们的心理韧性发展出来，那就放心地让他们投入社会生活中，认真工作，享受生活。

20世纪末，随着认知心理学、心理神经免疫学、神经生理学的快速发展，加拿大培训专家Stoltz（斯托尔茨）综述了逆商的心理反应模型。当外在事件发生时，大脑自动产生逆商的即时反应，然后驱动个体的情感产生相应的神经递质，神经递质反过来影响个体的表现行为：一是生理影响，免疫系统韧性激活，是具有活力的还是容易妥协的；二是心理产生积极的希望和信心还是趋向消极的悲观。大家注意到没有，这里面是有一个环，就如同一个莫比乌丝带，关健是即时反应的模式，家长需要关注的是这个反应模式建构的四因素——

（1）控制，指一个人对逆境的控制能力，即一个人觉得自己对于逆境有多大的控制力。

（2）责任承担，指个体承担起改善这一责任的程度。

（3）逆境影响范围，代表挫折对生活层面的影响有多大，越是夸大挫折，越会击垮一个人的斗志。若把挫折视为特定事件，限制逆境范围，将使得个体觉得有能力处理困难，不至于失意丧志或惊慌失措。

（4）逆境影响时间，一个人将逆境视为暂时因素（我努力不够）比将逆境视为永久因素（我先天能力不好）显得有更高的挫折复原能力。

下面一节，我会结合上述理论具体告诉大家，如何提升孩子的逆商力，敬请期待。

学后测评

1.简答题：心理抗逆力包含哪两大因子？围绕这两大因子经历了几个阶段？

2.多选题：逆商即时反应模式建构的四因素是（　　　）。

A. 控制能力　　　B.承担责任　　　C.逆境影响范围　　　D.逆境影响时间

3.简答题：青少年发展良好的心理抗逆力需要的心理营养是哪些？

4.论述题：描述逆商带给孩子的意义是什么？

第二节　把握逆商教育的四个核心主题

杨雪勇，家庭教育指导师、国家二级心理咨询师，《家长》杂志专栏作者，《金华电视台》亲子栏目"亲子空间"特约嘉宾。

前面我们回答了逆商"是什么"的问题，下面我们要解决"如何做"的问题。

很多家长将提升逆商简单地理解为让孩子吃苦，让孩子参与一些有强度的行为训练活动。这就是典型的追求外在的热闹，没有真正理解逆商教育的内涵。更有一些家长以为对孩子教育需要批评与惩罚也是逆商教育的一部分。关键是这个度如何把握？

其实，我们需要在孩子成长的不同阶段，用恰当的方式提升孩子的抗挫折能力，而不是一味地用一种方法贯穿孩子成长的始终。

我们先来看看不同的国家对逆商的培养方式。在瑞士，注重培养孩子的自立水平。瑞士是世界上最富裕的国家之一，但瑞士父母们绝对不让自己的孩子养尊处优，他们很注重培养孩子的独立能力。十五六岁的女孩，初中毕业后，就要到别人家做一年的女佣，上午劳动，下午上学。男孩到一定年龄要参加劳动，锻炼他们的劳动技能和独立生存能力，以避免长大后成为不能独立生活的无能之辈。在美国，重在理解劳动的价值。美国南部一些州立中学，为培养学生适应社会生存水平，特别规定，学生必须不带分文，独立谋生一周才能毕业。美国中学生的口号"要花钱，自己挣"就很好地诠释了培养独立能力的重要性。在德国，他们的重点是让子女学习做他们应该做的事。德国父母从不包办孩子的事情，他们将子女视作独立个体，给他们充足的空间。一岁时鼓励他们帮大人捧牛奶，喝完了，父母向孩子道谢并嘉许。然后随着孩子成长，匹配相应的事情。孩子成长中的每个阶段都有相应的劳动需要他们完成。这就是一种很好的抗逆力的训练方式。漫步在俄罗斯的街头和广场，无论是在莫斯科、圣彼得堡还是在海参崴，都难得见到大人抱孩子或背孩子。在大街上，在台阶下，经常见到一些两三岁的小娃娃走不稳摔倒了，甚至跌得眼泪汪汪，而父母很少主动帮助。他们只会停下脚步，鼓励他们自己爬起来，继续往前走。孩子们在一起玩，你追我赶、打打闹闹中跌破了皮、流出了血，疼得流眼泪。父母看见了，只是察看一下伤痕，轻轻擦几下，然后由着他们自由玩耍。

我国老祖宗对于逆境提出过很多精辟的见解，例如《周易》中就有"天行健，君子以自强不息"的古训。然而，现代社会由于家庭结构的因素，很多家庭的独生子女被宠爱着，没有适度的耐挫训练，很多孩子遇到挫折不敢直面或者遇到挫折就成很大的内伤，令人心痛！

那么，怎样才能更好地培养孩子的逆商力呢？

首先，循循善诱，不能一蹴而就。挫折教育不是一锤子买卖，不可能一次教育可以让孩子发生质的改变。我们一定要树立"从小培养、适时介入、持续引导"的信念。那么，家长需要如何操作呢？

第一步，时刻觉察，让孩子离开成人的保护圈。这个世界上所有的爱都是指向聚合，唯独父母子女之爱是指向分离。所以，我们的决策只要是有利于分离，那便可以让孩子去尝试，如洗自己的袜子、整理房间、倒垃圾、叠衣服等小事。当然，如何引导又是对家长的考验。记得我孩子很小的时候，为了培养孩子的独立能力，我让他自己叠袜子，谁知他胡弄整了一会儿就不干了。这时，我们不能以训斥的口吻要求他，而是用玩游戏的心态教他如何把袜子卷起来，例如"宝贝，我们一起来玩个游戏吧，看谁先可以把袜袜卷起来"？当他带着兴趣投入进来，以有趣的方式完成时，给予他嘉许。后来，他便会主动问："爸爸，还有袜袜吗？"

第二步，在实践中提升应对事情的能力。前述几个国家培养孩子的耐挫力，无非就是在培养孩子独立自主的能力。实践这一步太重要了。独立自主可以让孩子拥有自己的主体感，这种主体的胜任感可以极大激活孩子的核心自体功能。当一个孩子很明确"我"的概念时，他便愿意为此而承担，这是驱动孩子的最好方式。而在这个过程中加以挫折引领，便发展出良好的使命感，这是抗逆力最重要特征因子的塑造。

第三步，有觉察地因事利导，有意识地批评、惩罚、忽视等，使幼儿接受挫折教育。著名教育家马卡连柯说：合理而恰当的惩罚教育不但是合理的，而且也是非常必要的。有家长会问，批评孩子，自尊心会不会受挫？这是一个很好的问题，虽说教无定法，但核心不变，那就是我们对孩子的"爱"始终不渝。但对孩子的行为却有对错之分。当孩子的某些行为不恰当时，对他当然是可以批评、惩罚，只是你要觉察这个批评和惩罚不是为了宣泄你的情绪。当然，批评和惩罚也是有科学的方法，比如，要允许孩子解释。所谓偏听则暗，兼听则明，不能单纯听信某一方的指责，要允许孩子自己的解释。家长要保持中立，客观评价孩子是否做错，为什么做错。同时，家长要学会换位思考，理解孩子这么做的目的，找准批评的切入点。让孩子也换位思考，"如果你是那个人，当你这么做，你会有什么感受，这么做到底对不对"？这时，批评变得不再盲目，批评的意义出来了。所以，各位家长，批评需要选择恰当的时机，应尽量避免孩子在起床时、睡觉前、吃饭时、生病时批评他。同样，惩罚孩子不能用简单粗暴的方式，而是选择用练字、面壁思过、冷静角、做家务等建设性的方式惩罚，真正达到用批评和惩罚令孩子更好地发展。

其次，给孩子充分的心理准备。前面描述过抗逆力的两个因子，这两个因子都不是用物质一味满足就可以提升孩子内在抗逆力的。挫折是指个人从事有目的的活动时，因为遇到障碍和干扰，其需要不能满足的一种消极的情绪状态。

荣格认为每个人的人格都是不断向前发展的。一个人常常为未来的目标而奋斗不息，以求达到人格各方面的和谐发展，这就是自我实现。一个人的自我实现得不到满足时，就会产生挫折感。所以培养耐挫能力最为关键的是帮助孩子去理解自己的需要没有满足时，如何对负性情绪接纳与处理。直白一点就是能否教会孩子耐受住那份负面情绪，如紧张、失望、愤怒，甚至羞耻等。泰戈尔说："只有经历过地狱般的磨砺，才能练就创造天堂的力量，只有流过血的手指，才能弹出世间的绝响。"当然，我们不能为了提升孩子的耐挫力让孩子刻意吃苦，参加各类"吃苦"夏令营、变形计等活动，这种生理上的吃苦，带来的负性情绪如果没有有效处理，反而会增加孩子对困难的畏惧，削弱他们应对逆境的能力。过多的挫折，会让孩子产生习得性无助，慢慢变得自卑、脆弱而敏感。

课程到现在，大家知道抗逆力有两大因子——特征因子和保护因子。两大因子相互作用，彼此形成的正负反馈系统决定了一个人是否拥有应对困难的逆商能力。而想拥有良好的特征因子，关键取决于是否拥有良好的外部保护因子。如何成为孩子良好的保护因子呢？我们家长就是需要成为孩子安全的容器，用我们的智慧帮助孩子发展出他天生的潜能。

这就要谈到第三点：把握逆商教育的四个核心主题。

1.学会温暖陪伴

陪伴最重要的是要深刻懂得、深刻理解孩子受挫后的失望、恐惧、自我贬低、难以面对等心理感受。然后，我们伸出一只手，让处在挣扎、彷徨、迷茫状态里的孩子通过自身的力量拔出泥潭。孩子会因为他自身参与克服困难的过程而获得某种高峰体验，这种体验反过来增强他的核心自体功能，通过抗逆力重组获得了更好的耐挫力。

2.成为孩子重要的替代客体

当孩子遭遇困难时，家长这个客体要能起到帮助孩子的作用，要成为经得起孩子折腾的客体，而不是孩子一遇到困难，你比孩子更焦虑。当你能够稳稳地陪伴孩子时，孩子便找到了纾解情绪的方式，让情感流动起来，避免了创伤情绪的固着，完成心理抗逆力的重组，人格强度获得增长。

3.提升认知（思维转换），找到反弹着力点

逆商教育的本质是引导受教育者正确地认识失败，辨证地看待失败，将失败带来的负面效应降到最低，并从中汲取积极的养分，为最终成功奠定基础。

4.行为改变（行为导向），鼓励再次面对挑战，肯定每一点进步

家长的这一步引导非常重要。在咨询过程中，经常遇到家长面对孩子的退缩行为时，不断地指责与说教。如果家长自己陷入了焦虑、愤怒、自责、内疚的情绪中，孩子对于家长的信任度就会降到很低。他感受到的是家长对自己的贬损，自尊随之也越来越低，孩子的行为越来越往后退缩，而一个低自尊的孩子是没有力量对抗一点点的挫折的。

各位学员，课程快结束了，也许你还是会有困惑，如同前文所说，那就允许自己的困惑存在。同时，面对孩子，我们反复用以下四个提问不断地进行自我思考：我们的期待是什么？可以从另一个角度去看待这个期待吗？可以做些什么让孩子靠近那个期待？在靠近过程中我们看到了孩子哪些进步？

好的，以上四个问话是非常好的自我觉醒的问话，希望各位在不断实践中帮助孩子发展出良好的抗逆力，让孩子拥有应对错综复杂世界的能力。谢谢大家！

学后测评

1.简答题：挫折教育的两个注意项是什么？需要把握的四个主题是什么？

2.多选题：挫折教育需要家长循循善诱、不能一蹴而就的步骤有（　　）。

A.时刻保持觉察　　　　B.培养独立自主水平

C.因势利导，合理批评　　D.替代一切，顺势而为

3.多选题：挫折教育的保护因子是哪几项？（　　）

A.良好的亲密关系　　　　B.亲密的亲子关系

C.家庭氛围融洽　　　　　D.父母稳定的人格

4.论述题：用你自己的方式去理解自我觉醒的四个问话？

第十四讲　为孩子的成长构建良好的同伴关系

姬巧玲，高校副教授，国家二级心理咨询师，武汉市共青团12355心理专家，专注于儿童青少年及其家庭心理发展工作。

今天和各位分享的是"如何为孩子的成长构建良好的同伴关系"。

我们先从一个案例说起——

小山是一个7岁的小男生，这天妈妈带着小山和同事家的小丽一起玩。午饭时，小丽因为小山不愿意把他心爱的玩具小熊送给她，生气地说不要和小山当朋友了。小山突然情绪失控爆发，摔碗摔凳子，边哭边喊，求小丽原谅他，自己怎样改都行。

小山这样的表现已经不是第一次了，激起了妈妈的不安。小山在幼儿园时只跟一两个朋友玩，为了让小山有更多的朋友，自己是一有时间就带着小山参加各种聚会。可是无论怎么努力，小山处得来的朋友就那么一两个。上了一年级后，老师和妈妈反馈小山在学校要么看同学玩，要么干脆自己一个人坐在教室里。妈妈感到很揪心，自己花费了很多心血和精力，想要小山融入伙伴，不知道为什么，小山的朋友总是那么少。小山找个伙伴怎么就这么难呢？

很显然，小山在同伴关系建立上遇到了困难。众所周知，如果同伴关系出了问题，孩子的成长会有很多问题出现。这里有必要和各位分享一下良好的同伴关系对青少年发展有哪些作用。

一、良好的同伴关系对青少年成长的作用

1.良好的同伴关系有益于自我概念和人格的发展

心理学家詹姆斯在关于成人自我的论著中,特别强调人有被自己所关注、被同类所赞赏的本能倾向。同伴交往中,儿童可以逐渐认识到同伴的特征以及自己在同伴心目中的形象和地位,学会与其他人共同参加活动,学会处理与他人的矛盾。在同伴互动过程中,儿童确定了自己相对于同龄伙伴的角色和地位,并在平等的环境中认识到领导者与追随者的角色,这样可以帮助儿童去自我为中心,从而有利于自我概念和人格的发展。

2.良好的同伴关系有益于孩子社会知觉的发展

心理学家皮亚杰和沙利文认为,通过同伴交往,儿童和青少年可以学会以一种对称互惠模式来处理相互关系。非常年幼的儿童和被宠溺的儿童容易表现出自我中心意识,他们既不愿也不能体谅同伴的观点、意图、感情。然而随着同伴交往的进行,体验冲突、谈判或协商的机会也会随之出现,这种冲突和协商可以引发平等互惠的观念,平等互惠的同伴关系便开始建立。同伴交往使儿童意识到积极的、富有成效的社会交往是通过与伙伴的合作而获得的。没有与同伴平等交往的机会,儿童将不能学习有效的交往技能,不能获得控制攻击行为所需要的能力,也不利于社会知觉的形成。儿童还可以通过处理与同伴的分歧来探索公正、公平的原则。同时,他们也细心观察同伴的兴趣和观点以便能顺利地融入到同伴中。所以,沙利文认为,青少年通过与所选同伴建立亲密友谊而在亲密关系中学着变成一个成熟的、敏感的伙伴。

3.良好的同伴关系有益于提供情感依恋的功能

归属和爱以及尊重的需要是人类的基本需要。儿童这种需要的满足可

以从同伴集体中获得。比如在不熟悉或有威胁的环境中，或由于父母不在身边而无法得到抚慰时，同伴提供了一定的感情支持。

20世纪40年代，安娜·弗洛伊德和丹恩（S.Dann）对6名德籍犹太孤儿进行了一项研究。这6名孤儿的父母在他们出生不久后都死在了纳粹的毒气室里。他们在一个集中营里共同生活了几年，在此期间失去了与成年人的直接联系。"二战"结束后，他们被带到英格兰的一个乡村里，在这里他们受到了人们的照顾，直到他们能适应新的环境。对他们的观察表明，他们彼此间的内部关系非常亲密，一旦被分离片刻就会表现出不安。

很显然，在这种恶劣的生存环境下，6名孤儿的同伴关系给予了他们极大的情感支持和抚慰。

所以，健康孩子的心理构建需要良好的同伴关系做情感支持和抚慰。

从同伴关系的功能角度，我们看到了良好的同伴关系给儿童青少年人格发展、兴趣培养、能力提升以及情感依恋方面起到了非常重要的作用。在新闻报道中，我们经常能够看到最牛考研宿舍的报道，例如温州医科大学2020最强考研宿舍。四位同学同时被上海交通大学、复旦大学以及南京医科大学录取。其中一名同学自述自己在大一时是个"网瘾少年"，对于考试，他的目标只是及格。后来在寝室长及其他室友的督促下，他大二时开始和室友们一起努力学习，此后专业成绩长期位于年级前十，多门学科为年级状元，并在大四学年获年级第一。这个寝室的成员不仅是学霸，也热衷于文体和公益活动。有的热衷于球类运动，有的爱好摄影，有的热心公益并获得浙江省第十届"公益之星"称号。同伴们在一起，通过游戏、共同活动、兴趣建立起良好的互动，也提供了一个相互理解和包容的情感氛围，同伴们共同创建了学习和成长的空间，产生了情感的依恋和认同，继而互相模仿，相互推动，相互学习，这样的同伴关系会让孩子体验到自己在活动、能力以及学习中所处于的位置，为自我的发展提供了一个参照，观察到同伴的兴趣、视角和方法，这正是同伴关系能够激发出强大学习动力的重要因素。

那么，父母如何为孩子构建良好的同伴关系呢？

二、为孩子构建良好同伴关系的类型及其策略

您可能不了解的是，前述6位孤儿有很多焦虑的症状，包括经常吸吮指头、烦躁不安、幼稚的游戏以及对护理人员的间歇性攻击。当这些孩子与成年人建立起信赖关系后，他们的游戏能力、言语能力和探索能力才得到飞速的发展。

这是为什么呢？

我们还从第一个案例说起（材料补充）——

小山是家中唯一的孩子，父亲在外地工作，妈妈平时工作很忙，父母陪伴小山的时间很有限。在小山一两岁时，为了避免小山和自己分开时哭闹撕扯，妈妈常常偷偷离开，而将小山托付给外婆。小山妈妈也知道，缺少自己的陪伴会影响孩子，作为弥补，小山妈妈一旦回来，就会召集很多小伙伴陪小山玩，离开时还嘱托小伙伴多来找小山玩。但是小山的表现让妈妈感到有些失望，他就是不喜欢和小伙伴玩，自己费心安排的小伙伴也因为自己孩子的表现而逐渐远离。

导致小山有如此表现的原因是什么呢？

其实在儿童青少年社会发展的过程中，需要先后发展两种不同性质的关系，垂直亲子关系和水平同伴关系。在儿童社会化的过程中，起初起主要作用的是垂直关系，随着儿童的成长，水平关系才逐渐加强。也就是

说，垂直的亲子关系是水平关系的基础。要发展良好的水平同伴关系，需要打好垂直关系的基础，为垂直关系向同伴关系的平稳过渡和健康发展做好准备。案例中，小山在亲子关系中是被动依赖的，按照妈妈的安排行事，妈妈的不稳定陪伴让他感到非常焦虑和紧张。小山在同伴关系中也常常退缩、被动，很少坚持自己的想法，他的朋友也感受到了这点，当小山和伙伴发生冲突，同伴关系面临危机，在小山的内心掀起了滔天巨浪，激起了失去关系和爱的失控感和焦虑。可以说亲子关系中的不安全依恋，导致了小山在同伴关系中的困难。

构建积极的亲子关系，是构建良好同伴关系的前提和基础。现在我们可以交流为孩子构建哪些良好的同伴关系以及如何构建的问题了。

1.构建活动同伴

集体活动很重要，家长要利用休息时间尽量为孩子创造集体活动的机会。比如带孩子在节假日走亲访友、与好友户外郊游等，鼓励孩子与陌生人交往，体验户外活动所带来的乐趣。鼓励孩子参与社会及幼儿园组织的各种类型的集体活动，参加同龄或者混龄的冬令营、夏令营，都可以有效地安排孩子与小伙伴频繁接触，增进孩子对集体生活的感受，提高孩子参与的积极性。

在这个过程中，家长注意以理解和鼓励的心态，及时进行转化，保护好孩子对集体活动的体验和感受。有的年龄小、性格内向的孩子，可能会躲在父母的身后。这时，父母不要着急逼迫孩子或者批评孩子，给孩子胆小的标签。相反，父母要能理解到孩子跟陌生人相处时的不安或者害怕，尝试着自豪地说，这是我的孩子小明，不过现在他想用藏起来的方式来打招呼。类似这样回应重复的过程，会让孩子感觉到即使在集体活动中，也不会失去和父母的连接，同时在将要认识的同伴面前获得了尊重，逐渐会安心地熟悉环境，投入同伴的活动中。

2.构建学习同伴

华盛顿大学心理学的教授做了一个实验——

从学生中选择成绩差的和成绩好的两人分成一组，座位也在一起，同时学习同样的课程。目的是使学生相互激励，相互帮助。教授告诉每组学生说："最后成绩以两人的平均分数计算。"

学生们为了提高成绩，全力互相帮助和鼓励。结果，不分组的学生，成绩拿到A的20人，B的85人，C的40人，最差的D、E有18人。分组接受"同伴指导"的学生，成绩拿到A的36人，B的148人，C的20人，D、E则完全没有，平均分数比未分组的高得多。

这个实验说明，由于同学间的相互激励和帮助，不仅差生的成绩会大幅度提高，好学生的成绩也将更上一层楼。孩子可以和朋友一起逃课，但也可以共同进步，我们要发挥同伴交往、互动对于学习的促进作用。

和同学在一起的乐趣，会让孩子更愿意投入在群体学习上。有的初中生会在周末想约打球，考前则可能用电脑连线或收集视频的方式互相切磋，这样的孩子在学习上自然有事半功倍的成效。如果父母能鼓励孩子找到一起活动一起念书、互相砥砺互相支持的同伴团体，对孩子的学习会相当有帮助。"学习的最佳动机是对教材本身发生兴趣"，要找到学习的伙伴，最好的方式就是找到喜欢阅读的伙伴，图书馆、教室里的图书角，以及书店是有学习兴趣的孩子常去的地方。如果父母自己喜欢阅读，享受学习，也会鼓励和带动孩子找到一起活动、一起念书，互相砥砺、互相支持的同伴团体，对孩子的学习会相当有帮助。

3.构建兴趣同伴

孩子的特长会决定他们的交友范围。如果不会游泳，就不会被邀去游泳；如果不会跳舞，就不会被邀去参加舞会。这里，父母一定要注意主动构建同兴趣的伙伴关系。因为在共同的兴趣驱动下，孩子们有共同语言，有共同的兴趣点，也就有更好的情感链接，更能促进兴趣特长的生长。这是一个孩子身心健康，并能成为最好自己的重要方法。

4.做好同伴选择

孩子最初的友谊与成人间的友谊看上去不同，成人的友谊建立在彼此的信任和尊重上，而孩子之间的交友方式更像是"侵犯"，比如他们喜欢一起吃一样的东西，喜欢抢对方手里的玩具，等等。所以父母要了解孩子的交往方式，不要误解了孩子的行为。我们还常常听到父母对孩子说，"不许和某某玩""某某要打人的，离他远一点""说者无意，听者有心"。其实，这样就无形中给孩子灌输了不良的交友意识。还有些父母过分保护孩子，看见大一点的孩子靠近时，总会害怕自己孩子受到伤害而选择走开，其实这样做也是不利于孩子结交朋友的。

孩子对朋友的选择也是父母特别注意的一个方面。但关键不是杜绝孩子与不良习惯孩子的接触，而是要教会他怎样不接受不良行为。父母一般都希望孩子交上品学兼优的朋友，家长不应该强行让孩子断绝和有不良行为习惯的朋友交往，而是应该引导孩子，让孩子自己分辨同伴的哪种行为要得，哪种行为要不得。比如孩子有个朋友喜欢和人争辩，生活习惯也不好，到家里玩不经允许就到厨房里拿东西吃，还到处乱翻东西。父母可以向孩子提出来自己的见解，但决不强求孩子停止和这位朋友来往。很快在接触中孩子会亲身感到这位朋友蛮横、粗俗，就不再愿意来往了。

拉尔夫·沃尔多·爱默生说，通过不同时期的同伴群体，你能了解一个人的成长过程。为人父母，但愿我们都能帮助孩子建构良好的同伴关系，和孩子一起健康发展。

学后测评

1.思考题:"我孩子的伙伴做什么他就做什么,没有主见,怎么办?"

2.思考题:"我的孩子最近和一些不学习的孩子一起玩,我很担心孩子受到影响。我不想让孩子和这些不学习的孩子一起玩,但是孩子总是不听话。该怎么办?"

第十五讲　三种视角让家校共育结硕果

第一节　基于观察视角的家校共育

王晓君，温州市鹿城区小学道德与法治老师、班主任、爱阅读研训员，浙派名师培养对象，温州市亲子阅读优秀推广人。

学校和家庭既是学习共同体、教育共同体，更是命运共同体，正如苏霍姆林斯基所说"教育的效果取决于学校家庭的一致性，如果没有这种一致性，学校的教学、教育就会像纸做的房子一样倒塌下来"。因此，在教育教学实践中，如何构建家校共育的有效机制，使学校和家庭之间能通畅沟通，达成共识，实现优势互补，形成教育合力，为学生快乐成长提供健康、和谐、可持续发展的教育环境，是新时代教师和家长必须要思考的重要问题。

众所周知，家校沟通是家校共育工作中不可或缺的关键环节。从本质上讲，家校沟通就是教师与家长之间进行的一种交流和互动。家校沟通的形式多样，有带有目的的，也有不带明确目的的；有一对一的，也有一对多的，还有多方共同交流的。交流双方既有共同目标——为了学生的发展，又有差异性的需求——对学生的期望各不相同，因此会在教育沟通中产生一定的冲突。而在解决冲突的过程中，大量的认知偏差、立场驱动和个人情绪卷入其中。如果家校双方处理不好这些认知、情绪上的沟通关系，就会导致沟通障碍与冲突。

如何实现有效地进行家校沟通，使家校共育落到实处，是当前中小学教育面临的一个主要问题。提升家校沟通中的主体——教师与家长之间的观察力、工具使用力以及双向共情力，是解决这一问题的有效策略。

接下来我们将聚焦"观察""工具""共情"三大视角，去了解和把握如何做好家校沟通的策略，在真情相融的沟通机制下实现有效的家校共育。

首先，我们一起来探讨如何基于观察视角进行家校沟通。

从一个案例说起——

小L，学习习惯较差，作业字迹潦草，订正作业不及时，能拖则拖，有时还会漏做作业。性格大大咧咧的，经常会和同学发生矛盾。前任班主任跟我反映，家长也不大管她，而且她父亲说话还很"冲"。

连续两次考试，小L的成绩都很不理想，虽然她母亲对我比较客气，但她母亲不识字，又在店里，放学后的作业都是父亲管，所以只能找她父亲。我硬着头皮，给她家长发了一段措辞比较客气的短信，请他第二天抽个时间到学校。不多长时间，他回复了，说"好的"。

第二天下午，他父亲来到学校，我耐心和他交流了孩子最近的学习情况，分析了她近段时间学习中存在的问题，给他提了几点合理的建议，家长不时点点头。

这次谈话后，小L连续几天作业都有进步，我又适时发了一条短信：L这几天在校很努力，不用督促完成了课堂作业，且字迹工整多了，值得表扬。今天做作业时我观察了一下，发现她基础较薄弱，思考、落笔都比别人慢，因此做作业时可能还需要家长多关注、多辅导，希望我们共同努力，帮助她进步。

这之后，孩子再没有不做作业的情况发生了，期末还取得了96分的好成绩。

从以上案例中不难看出小L成绩不尽人意，除了自身学习基础薄弱、学习习惯不好之外，很关键的问题在于家长的"不大管"。教师接班后，抓住"作业"这一载体，从开始的短信"客气邀请"，到与家长面对面的"耐心交流"，直至学生进步后的短信"真情建议"，基于对学生细致观察后的针对帮扶，以及用心跟进，给家校沟通提供了充足的条件和支持。我们好好想一想，家长从开始的"不大管"到后来的共同关注和配合，学生进步显著，良好的家校沟通是不是在其中起到了很重要的作用？从目的上来讲，家校沟通就是教师和家长就学生的现状达成一定的共识并以此为基础促进学生发展的一种途径。

家校沟通中，班主任和家长的最终目的具有一致性，学生的发展是沟通的出发点和落脚点。但是，在对学生的了解方面却具有差异性，家长侧重于家庭生活视角下的结论，班主任侧重于学校生活视角下的结论。因此，沟通具有双向性，班主任和家长可以互相借鉴对方的视角，消除对学生认知的偏差，达成共识。

下面，我们可以一起来简单探讨如何观察并记录学生的行为，并以此有效促进家校沟通的开展。

【相应对策】观察比对

一、邀请对方协助

就班主任角度而言，班主任一般不轻易联系家长。班主任具备一定的教育学、心理学知识背景，在班级管理和教学中积累了相对稳定的处理问题的能力。对于日常中学生出现的小状况、小意外，班主任会在第一时间进行有效处理，并丰富到自己的教育机智中；对于学生需要的鼓励和肯定，也会在适当的时间以适当的方式反馈给学生。

从家长角度看，家长接到班主任的消息时，往往心怀忐忑：是不是孩子在学校犯错了，最近孩子学习是不是没跟上……出于对"班主任工作也挺忙"的理解，家长怕打扰班主任的工作，或者怕自己在琐事上与班主任交流过多给孩子造成不必要的麻烦。

不论是家长还是班主任，都有邀请对方协助的需求。基于观察视角的家校交流，班主任可以就孩子身上出现的某一个现象进行持续地、有针对性地观察，促使家校双方带着相同的目的进行客观记录，让家校交流变得流畅、高效。

二、确定观察角度

每个家长心中都有一个"完美小孩"，看到自己的孩子时，难免会觉得"这个不行""那个不行"，但忙乱的期望与要求并不能帮助孩子解决其遇到的困难，反而会增加内心的焦虑，若焦虑的情绪在日常表现出来，不仅不利于问题的解决，反而会引发亲子之间的矛盾。我们可以在一个时间段内聚焦一个问题，并找到行之有效的解决办法，随着问题一个个突破，家长能够见证孩子的成长，孩子也对自己更加有自信。

以常见的作业问题为例，班主任可以邀请家长就此展开共同观察。

在作业完成过程中，如果出现了作业用时较长的问题，我们首先确定是偶然现象还是经常现象。然后家校就可以就几个点展开共同观察。

家长视角可以做如下观察：

观察点1：孩子的作业是否记录完整；

观察点2：孩子在完成作业前是否做好准备？做了哪些准备？

观察点3：孩子在完成作业时，哪一科耗时较长？较长的原因是什么？

观察点4：作业过程中有无中断的情况，中断的原因是什么？

观察点5：作业时有无长时间保持一个姿势的状况，如果有，能够持续多长时间？

……

班主任视角，可以选择这样几个观察点：

观察点1：学生是否有记录作业的习惯？作业记录是否完整？

观察点2：学生课前能否做好相应的准备？

观察点3：学生是否存在薄弱科目，或者在不同科目学习上都存在困难？

观察点4：课堂中，学生有无出现偏离课堂的现象，偏离的原因有哪些？

观察点5：课堂中学生是否出现走神现象？大约能持续多长时间？

……

通过几个观察点的设立，我们可以简单从完成作业的习惯和对知识的熟练程度两个方面来进行分析，深入探讨孩子完成作业过程中遇到的麻烦。

三、班主任邀请家长进课堂

家长进课堂是一种有效的达成共识的方式。

家长和老师站在各自的视角下针对孩子的作业问题进行一段时间观察后，班主任可以邀请家长进课堂，家长观察孩子在校期间的表现。当然，这个观察还是基于作业问题的观察。通过观察学生在校期间的表现，能够有效消除班主任与家长之间由于片面观察而导致的分歧，从而产生共鸣。

老师的观察与家长的观察相吻合的地方，就是学生在学习过程中存在问题的情况。相同观察点有分歧的，本着"求同存异"的态度，我们先解决确实存在问题的部分，其余的内容可以再制定具体的观察点和观察方式，以此来逐渐达成共识。

四、共同商讨有效策略

针对学生存在的问题，我们本着"促进学生发展"的态度，与家长共同商定接下来的策略。

策略的执行在学生身上。在与学生交流过程中，我们尽量客观地陈述事实，例如"数学课上与同桌说话3次""自习课上两次保持一个姿势不动3分钟以上"，避免使用"你怎么不专心听讲""你小动作太多"这样描述性的语言，避免与学生的冲突。

同时，在接下来的观察过程中，我们要主动发现学生的改观，给予其充足的信任和信心，直到学生能够逐渐克服长期以来养成的不良习惯。

如果你开始了基于观察视角的家校沟通的尝试，那么，我想对家长具体了解学生情况、学生清晰自己的行为一定会起到一定的促进作用。而且可以在接下来的时间里以此为契机，有针对性地开展更为广泛的观察，比如同伴交往、情绪控制、亲子关系……以此加强家校沟通，实现家校共育！

其实，做好家校共育的前提和基础是提高教师、家长的思想意识，这就要求教师和家长都要了解学生的生理、心理特点和发展过程，在关注和观察中发现学生的问题，在沟通和交流中掌握培养、教育的科学方法，做孩子成长路上的领路人。

随着网络信息化的触角延伸到社会的各个角落，家校之间的沟通与交流也呈现多元化趋势，如何用好沟通工具也就成了我们关心的话题。下一节，我们将就这个问题进行探讨。

学后测评

1.多选题：基于观察视角的家校交流，班主任和家长一般可以就孩子身上出现的（　　）方面进行持续地、有针对性地观察和记录。

  A.学习习惯　　　　　　　B.同伴交往

  C.情绪控制　　　　　　　D.特殊行为

  2.思考题：如果你的孩子经常和同伴闹矛盾，你会和老师选择哪一个观察角度进行观察比对？

  3.思考题：和老师做了观察比对后，你确定了孩子的问题所在。后续你会怎么做？

第二节　基于工具视角的家校共育

王晓君，温州市鹿城区小学道德与法治老师、班主任、爱阅读研训员，浙派名师培养对象，温州市亲子阅读优秀推广人。

这节课我们就如何用好沟通工具进行家校沟通和家校共育的问题进行探讨。

还是从一个案例说起——

班里的萱萱同学，近来作业质量有所下降，我检查"家校本"时，在家校交流栏写道："优秀作业到哪儿去了？期待哦！"这一信息既是给孩子看的，也是给家长看的。

第二天上交的作业进步不是特别明显，不过，家长在"家校本"这样回复："前段时间由于杂事较多，所以对孩子没怎么管，孩子也比较松散，现在开始抓紧，谢谢老师提醒。"我回复："期待优秀作业哦。"并配一个笑脸。

第三天的作业进步比较明显，"家校本"的交流栏出现这样的话："今天孩子完成作业的速度稍微快一些了，希望越来越好，加油！"我回复了一个大大的笑脸。

很明显，这是针对孩子作业的纸上家校交流。普普通通的"家校联系本"，因为教师的用心和智慧，成了孩子在校表现的反馈单，也成了家校共育的展示板。如在学校里做了某件好事，或是出现某种情况，老师都会在此及时留言，让家长第一时间了解孩子的表现，从而使家庭教育更好地跟进，这样的交流使家长角色的责任意识得以落实。同时，教师也能第一时间了解家长的态度和变化，方便实时跟进有效地沟通，让家长对孩子的教育有了一定的针对性，使家庭教育得到了实质性的效果，大大改善了家庭教育给予孩子的动力系统。

那么如何用好这些家校沟通工具呢？

【相应对策】善用工具

一、变"被动"为"主动"

经常会碰到家长这样跟老师交流："老师啊，我的孩子最近怎么样啊？""我家的最近在学校的学习状态怎么样啊？"……类似这样家长主动找上门，教师也显得很被动，要想改变这一尴尬的局面，教师应变"被动"为"主动"出击。利用App软件辅助管理班级是一个好办法——有一款软件教师可以根据孩子的表现，自主设置各个加减分项目，直接在手机软件里加分，同时，家长也会立刻收到加分信息；反之，减分信息也会马上收到。

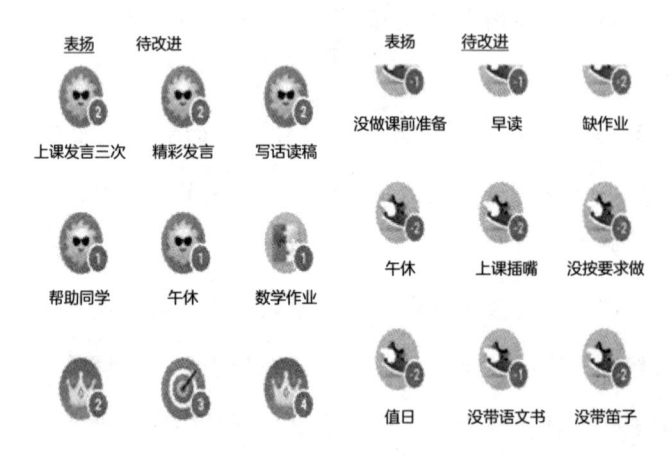

表扬	待改进		表扬	待改进	
上课发言三次	精彩发言	写话读稿	没做课前准备	早读	缺作业
帮助同学	午休	数学作业	午休	上课插嘴	没按要求做
			值日	没带语文书	没带笛子

你一定想不到，一个小小的软件，悄悄改变着家校沟通的生态。如今，家长收到信息，特别是减分信息，会特别主动和老师进行沟通，表示

会好好配合学校工作，而教师此时的沟通也是占据主动位置，有根有据，教师和家长角色得以默契地配合，变"被动"为"主动"，这样的家校沟通达到实质性效果，处理好了家与校的关系，教师的教学工作和家长的家庭教育也就事半功倍。

孩子在校情况家长第一时间就能得知，家长可以参照教师提供的孩子实时评价分值，Get到家庭教育的点，抓住实实在在的教育契机，让家长的教育显得有理有力，让现代化沟通形式助力家校教育，针对性的家庭教育也就自然发生。

二、变"单向"为"多向"

"微信公众号"平台作为一种广为接受的新时代社交软件，给班集体建设带来了巨大的改革空间。班主任可以选择班级微信公众号这一平台来改变家校沟通的生态。

那么如何使用微信公众号，也是有讲究的。首先，通过问卷和家长会的方式推荐微信公众号的使用方法和好处，并达成共识，让家长认识到，班级微信公众号并不仅仅只是教师的事，更是为了让家长更好地了解孩子的情况，参与孩子及其班级的成长。其次，在家长自愿报名的前提下，班级组建了公众号负责团队，分别设置策划组、文字编辑组、摄影组、活动组等。最后，针对大部分家长的时间安排，基本在晚上（20：00）进行推送，以此更好地保证信息的时效性和阅读量。如此，自主参与、共同管理的多向管理模式让更多家长参与到班级的管理和孩子的成长中来。按时推送，充分考虑到家长的日常状态，在家校互动中不断提升家长的教育胜任力。"影响不创造任何东西，它只是唤醒"。通过分享，家长对家庭教育的重视逐渐被唤醒，并将学到的经验运用到孩子的教育中，可以说，微信公众号成了班级成长的新窗口，也成了家校共育的"心"平台。

三、变"阻力"为"助力"

"互联网+"时代，微信群已成为向家长介绍学校教育教学工作的新阵地，成为家长与班级互动交流的新场所。如何建立高效、互信、有生命力的班级微信群，是教师和家长都要面对和关注的事。班级微信群建立的根本目的在于统筹家庭、学校、社会各方信息资源，提升家庭教育力和家校协同，助力学生成长；同时发挥"班级小喇叭"和"信息回收站"的功效，达到增加学校教育教学的透明性、提高家校互信度的目的。

没有规矩不成方圆。微信群从建立之初，应建立彼此信任的规则，这个规则包括教师与家长、家长与家长之间。首先，全体家长须按照"孩子姓名+爸爸或妈妈"的"备注名"形式修改自己的群名片，让所有的家长在里面都以实名制入群，确保群里人员的纯粹以及表达的真实性、微信群的正面性等。其次，信息发布的时间、方式、内容以及反馈的方式要有明确的规定，如真诚交流、和谐相处、注意措辞，不得在群内发泄自己片面过激的观点，遇见自己孩子成长的问题应尽量私聊，不在里面发布其他与孩子成长无关的信息，特别是广告等。通过这样的操作和约定，微信群的管理和沟通文化就基本建立起来了，使以后有效的家校共育成为可能。最后，教师自己要带头营造氛围，慎用表扬和批评的手段，更不能把微信群变成作业布置的任务群和焦虑触发器。对于家长需要配合的事情和学生需要达到的要求，老师可以在群里分门别类地进行指导，提供方法和建议。还可以适时分享一些教育心得，给家长提供教育理念和方法的指导，鼓励家长各抒己见，并分享自己成功的家教妙招。如此才会让家长养成爱爬楼、爱交流的习惯，使家长群成为"家长微课堂"和家校沟通的"连心桥"。

在媒体发达的今天，"吐槽""牢骚"成了家常便饭，"负面情绪"也像脱了缰绳的烈马，停不下脚步。班级群一不小心就会成为一个传递负面情绪的垃圾站或内卷场。因此，我们要利用好微信的各种功能，让教育"正能量"传递开去，带动和鼓励更多的家长参与到教育活动中来，为良好的家校沟通助力。

四、变"收到"为"互动"

家校合作共建，就要让家长了解学校，了解班级，成为教育孩子的同盟军。树立"多一个配合的家长好过多一个冷漠的家长"的观念，通过各种方式和活动，让家长走进学校，走近孩子，走进教育。接受新思想、新观念，讨论新问题，因此，家校沟通显得尤为重要。通过对话与交流，使教师与家长达成共识，形成共育合力，共同促进学生的身心健康成长。

有些班级则利用班级网站创办班级小报，师生共创，家校共生，使之成为家校沟通的重要载体。如果把"班级小报"比喻成家校共育的生命叙事的话，那么日常关注班级，关注学生，收集好第一手资料并进行分析与撰写，成为这份生命叙事的"序曲"。上传班级网站后，家长和学生进行及时认真地阅读，反思跟帖，形成多向互动交流，演绎出这份生命叙事的"情节"。让家长和学生从叙事和反思中汲取力量，改变思想，调整前进的步子，那么成长和沟通的"主题思想"就水到渠成了。

其实明确规定家长和学生如何正确使用至关重要。伴随着班级小报的诞生，班主任第一时间明确了正确的打开方式：一看内容，二抓问题，三促反思，四写点评，五重调整，六见行动。六步骤缺一不可，特别要重视阅读后的反馈评价，留言板中不仅有学生的自评，还要有家长的点评，更要有不同家庭的互动。反馈评价要做到：一是铺面，在每个方面，不同学生和家长，进行关注和互动，共同书写，反思自我；二是聚点，每个问题都会针对一个学生，进行深入的反思和指导，促进调整。

我们要引导和联合家长多鼓励少批评，要暗示和指点同伴之间如何发挥他们的互学互帮的作用，班主任自己则要加强沟通，增强接触，施加积极的影响，从而创建一个宽容大气、互相欣赏、自由向上的班级激励文化。而学生在这样积极乐观、安全自由的空间里，充分舒展，个性发展，成长的路就在脚下一步一步延伸。

信息时代，沟通每时每刻都在发生，而"困难"和"模糊"也从未停歇，如何引"壅水"流入"沟通的川流"显得尤为重要。家校联系的形式很多，沟通的工具也很多，如微信、QQ、钉钉群、家校联系本等。教师和家长都要充分认识沟通的重要性，并能善用工具，让理性的数据富有亲和感，让简单的平台充满故事，让家校沟通真正落地，让家校共育真实发生。

众所周知，学校和家庭拥有不同的资源，在孩子发展上处于不同的时空，教师和家长有着不同的专业和教育背景，立足点和着眼点不同，期待和需求有别，方法和手段各异。教师与家长长期沟通，确实能够增进双方的了解。那么，教师和家长能做朋友吗？在家校共育过程中，教师和家长之间究竟应保持怎样的交往尺度，保持怎样的交流心态，才能取得最好的沟通成效，实现互通协调，共振共育？其中，学会共情非常值得研究。下一节，我们将对这个问题进行探讨。

学后测评

1.多选题：家校沟通常见的工具有（　　）。

A.微信　　　　　　　　　　　B.QQ

C.电话　　　　　　　　　　　D.班级公众号

2.思考题：班级需要家长志愿者，你会主动报名参加吗？

3.思考题：App软件能够及时反馈孩子在校情况，连续几天看到孩子听写不过关被扣分，你会怎么做呢？

第三节　基于共情视角的家校共育

王晓君，温州市鹿城区小学道德与法治老师、班主任、爱阅读研训员，浙派名师培养对象，温州市亲子阅读优秀推广人。

这节课，我们就基于共情视角的家校沟通与共育问题进行分享。

首先，我们要明白什么是"共情"。所谓共情，又称同理心，是心理学中的一个术语，由著名心理咨询专家、人本主义心理学创始人罗杰斯提出。共情在心理学中指"理解别人感受和问题的能力"。事实上，教育是一种利益共同体行为，学校与家庭，教师和家长的教育利益是一致的，目的都是为了教育好学生。沟通也是一种双向行为，因此，家校沟通中的共情应该是一种双向共情，即教师和家长都要站在对方的角度，设身处地地去感受对方，理解对方。由此，双方会感到被理解、接纳、尊重，从而产生积极的正向情绪，形成良好的合作共育、共赢的关系。

还是跟大家分享一个案例——

周四放学，我接到了小戴妈妈的电话："老师，为什么今天这组值日生要全部罚值？小戴说昨天他值日做了，还做得很认真。你不能因为其他值日生不认真，班级值日被扣了分，就要连组长小戴也一起受罚！这太不公平了！"透过电话，我感受到了孩子妈妈很是生气。

电话里，我还没开口说两句，小戴妈妈又大声插嘴道："孩子现在在校门口哭，说自己这个组长当得太委屈，太可怜了。"……

尽管我也很不舒服，但还是感谢她向我及时反馈问题，并约她第二天到校见面，交流看法和做法。

第二天，在小戴妈妈来校之前，我把小戴这组值日生叫到教室旁小教室，请他们把补值"处罚"的原因写到便利贴上。四位同学拿起笔，纷纷写下了自己的思考，孩子们分析原因如下：

小余（值日生1）：小戴组长分配给我的任务是打扫1-2组的地面，我打扫后跟组长说自己完成任务就回家了，没有和其他同学一起完成值日后再走，该罚。

小张（值日生2）：我去参加爷爷的生日聚餐，没有找同学换值日，跟组长小戴说了一声，就急着回家，"逃值"了。

小单（值日生3）：我拖完地，倒水是小张的工作，他"逃值"了，我也没有帮忙把水倒了，值日收尾工作没做好。

小戴（值日组长）：我是组长，小张请假，我没有调整值日任务，让小张的工作没有人顶上；小组的合作也没有做好，完成值日任务的同学，跟我说一声，我就让她回家了，没有请她留下来帮忙其他岗位的同学；我自己也偷懒了，其实我有看到水没有倒，但是觉得自己已经做了很多值日工作，就不想去倒水了。作为组长，我更要罚。

我没有批评这组值日生，让他们传递、阅读了自己写的这张便利贴，当我看到他们一脸难为情的样子，我知道这次的"罚值"和反思起作用了。

放学后，小戴妈妈来到了教室。我耐心倾听了她对"罚值"事件的看法，并请她看了孩子们写的反思。当她看完孩子们的反思后，那股为孩子打抱不平的生气劲儿缓和下来了。我趁机表扬："作为值日组长，小戴，很负责，也很会自我反思，家长教育得真好！"我见家长的表情出现笑脸了，就把自己对这件事情的看法和采取"罚值"处理的初衷与小戴妈妈进行了交流，小戴妈妈最后跟我真诚地道歉。

不知各位有没有被这位班主任应对突发事件的智慧和用心打动？面对

值日事件，班主任还没来得及做完整的解决方案，就遭遇了家长的电话质问。尽管委屈和不满，班主任还是冷静应对，不仅巧妙地利用值日事件，在与学生的沟通中锻炼了小戴分工、统筹、合作和担当的能力。更可贵的是在与家长的沟通中，摆事实，说问题，讲道理，转"危"为"机"，家校合作开出孩子的成长之花。"老师，感谢您在我无礼、迷茫的时候，耐心地跟我沟通，用心地给予我帮助，让我能够静下来看问题，慢下来想办法，俯下来陪孩子一起走。"小戴妈妈跟班主任道歉时的话语，也深深感动了我，教师和家长因为懂得共情而更加从容、智慧；教师和家长因为良好的家校沟通而成为平等互敬的教育同盟军。

【相应对策】共情共赢

一、知情：相互了解，消除认知偏差

平常一些不愉快的交流，家长和教师的委屈是由于双方互不了解造成的。心理学研究表明，认知是情感产生的基础。个人或互相之间的不合理认知导致了人们负面情绪的产生。在家校沟通中，冲突的产生往往是由于一方对另一方的情况不够了解，尤其是对对方所面对的压力和困难不够了解。如教师没有深入了解家长在教育孩子中的时间、空间、知识、能力、方法等具体困难，而家长也不了解教师在学校里的工作职责和制度、工作绩效评价标准、学生群体的复杂性等问题。因此，要减少冲突，必须改变现在的浅层了解，加强双方之间的深度了解，这也是解除沟通障碍与冲突，形成双向共情的第一步。

对此，一方面，教师要实现对学生、家长的"知情"。具体可以通过拓宽、加深、加强与家长的沟通渠道，如深度家访、深度问卷调查、每周专题问题反馈日等形式，从多方面加强、加深对学生家庭、家长情况的了

解，而不只是流于现在简单、表层的家访工作或微信、QQ群等事务性了解和信息传达。另一方面，家长要对学校"知情"。当前，家长对学校、教师工作的了解都是碎片化的零散状态，这就会导致家长对学校、教师的工作内容，尤其是工作难度知之甚少，知之甚浅，甚至发生认知偏差。因此，学校要为家长创设更多了解学校教育和教师工作的窗口与平台，如学校公众号推送、家长助教日、家长开放教学观摩日、家长志愿者等途径，帮助家长深入了解和体验教师的具体工作。学校也可以通过已建立的家校平台，集中宣传学校各阶段的主要工作及面临的主要问题和任务，让家长对学校教师工作有一个全面、深入的了解。经过了解，双方达成共识：教育孩子时双方的共同目标是一致的。双方都十分用心、费心，都不容易。由此，双方的误解就能消除或降低，进一步的沟通才有可能发生。

二、同情：换位思考，摒弃自我本位

家校发生矛盾和冲突的情况屡见不鲜，一部分人认为，家长应该对孩子的教育负责，关注孩子的动态是理所当然的，且教师一人管理一个班级，精力有限，无法顾及每个孩子，家长应分担重任；另一部分人认为，教育是教师的天职，家长有自己的工作，过多的教育负担会打乱一个家庭的生活常态。从以上两方面不同观点可以看出，在家校共育这个问题上，家庭和教师都各有其苦，都值得关心。那么，为什么当事双方还会存在着沟通障碍，互不领情呢？事实上，这就是家校沟通中另一个关键问题，即沟通主体双方只感到自己的委屈，没有体验到对方的委屈。双方都缺乏一种"同情"，都不会站在对方的角度去进行换位思考和理解。双方的不满情绪使得沟通行为低效无用。因此，家庭和学校双方都要富有"同情心"，即都要有"教育孩子大家都不容易"的理解。具体而言，教师和家长都要站在对方的角度去进行换位思考：他这样做是为了什么？只有换位，才会冷静，才会互生怜悯、同情，才不会互相指责、敌对。

为此，从学校层面来说，学校应为双方创设面对面交流的平台，比如"家委会""家校俱乐部"等，加强教师与家长的情感交流，形成共情。从社会层面来说，教育管理部门应该创设或利用一些局限于特定学校和家庭的、更宽阔的大交流平台与渠道，引导教师和家长参与其中进行交流、交往。如利用社区学院平台，开展关于家校合作共育的论坛等。利用这些有效途径可以使家庭和学校摒弃自我本位，达成理解，达到共情。

三、真情：破解困难，避免情感偏离

当前，很多人把"家长群"称为"闹心群"。从家长层面来说，许多家长一看信息就"闹心"：要么是孩子调皮捣蛋出事，要么是又有各种各样的家庭作业或任务；从教师层面来说，教师也"闹心"：或是各种琐碎问题压缩了教师真正处理教学事务的时间，或是家长指责教师不敬业。"家长群"本是家庭与学校信息沟通的一个良好平台，可现在双方都谈"群"色变，疲于应付。这一现象所揭示的实质是，当前学校和家庭都觉得双方沟通已经成为一种被迫的形式，彼此都是处于各自的职责而勉强为之。在情感上，彼此已经貌合神离。但好在培育学生是双方共同的责任，这一共同目标依然存在。既然目标是一致的，那么，双方的关系就仍有改善的余地。解决问题的根本策略就是真心诚意，建立"真情"，放下自我，重新审视和接纳对方。

当前，家校沟通冲突的关键点在于家长和学校彼此失去了信任，缺乏真诚，导致情感疏离。部分家长觉得教师已经不再是曾经的"人类灵魂工程师"或"燃烧自己照亮别人的蜡烛"，教师让家长批改家庭作业是在"偷懒"和"转移责任"。部分教师则认为家长"只认孩子不认老师"，

总在"鸡蛋里挑骨头",现实得让人敬而远之。基于这一认识和情绪,教师和家长之间不再有信任和崇敬。因此,一旦某方面不一致,就会导致沟通障碍或冲突产生。这是当前家校共育过程中的根本问题所在。

四、动情:合作共赢,营造健康"朋友圈"

教师与家长是因为学生才有了联系和交集,两者教育目标一致,彼此之间应该是平等的关系。教师在学生身上付诸的心血,是仁爱之心所起,工作职责所在,不能因为自己的付出,而在与家长的交往中掺杂"回报"之说,同时也要正确评价家长的配合行为和支持力度。作为家长,对教师的回报应该是尊重教师、尊重孩子,理解和配合学校工作。只有平等互敬,不卑不亢,才能做到相互理解,互相体谅,换位思考,合作共赢。

教师在与家长的沟通中,会在学生面前自觉不自觉地进行过程性评价,而学生也对教师和家长给予对方评价充满兴趣和关注。因此,家校沟通中双方要有一定的警惕,不要在孩子面前说对方的"坏话"!如果学生对家长言行不满,老师了解情况后要做到全面客观评价,更要将与家长的单线联系变成多维互动,在立体沟通中传递温度。比如联系家长之前,先把学生叫来共同商议:"老师打算给你的父母发信息说说你最近的状态,咱们商量一下说些什么?""老师理解你的心情,很想向你父母提个建议,你认为可以怎么说呢?""这是你的家长发来的信息,你一起读读,你读出了什么?"让孩子充分感受教师的理解和信任,让家长充分感受教师的尊重和体贴,我们才会赢得家长和孩子的尊重和信任。同样,家长在学生面前也要尽量多用"感恩""欣赏"的心态看问题,引导学生讲实情,说真话,表善意。对于老师和家长的不足,始终以平实的语言、互动的方式、诚恳的回应来应对,让学生始终坚信教师和家长的关爱和陪伴没有走远，良好的沟通文化始终在场。

让孩子读懂父母和老师，是他们用付出包容了自己曾经的"最低处"，用关爱唤醒自己内心的"最深处"，用言语鼓励了自己攀登人生的"更高处"。当学生清楚了家校沟通的积极意义，明确了家校共育的强大力量，学生也就可以主动参与家校沟通，积淀成长，积极发挥自我教育的作用。你们看，用爱唤醒孩子的自我教育，用情滋养孩子的心灵花园，这恰恰是孩子生命成长中最关键的一步。为了孩子的健康成长，教师和家长要携手同行，营造家校健康"朋友圈"。

著名教育家苏霍姆林斯基说过：教育是一种爱，是一种信任。只有教育者之间、教育者与儿童之间都形成信任的关系和爱的情感，真正的教育才能实现。因此，现在家校沟通中出现的这些障碍或冲突，从本质上来说，是由共同教育者之间缺乏信任、缺失友爱所致。因此，如果要从根本上避免冲突，学校和家庭之间必须重新建立起新的信任关系。具体而言，家长与教师应增强面对面、心对心的交流，从根本上改变家校貌合神离的共育状态，真正做到真诚、有效的沟通。学校应为家庭和教师提供契机和平台，如家长会、家访等，让双方摒弃前嫌，彼此重拾信心，重建互爱互助关系，重新接纳对方，赏识对方。

像"家长退群""家长状告教师""家长校门口拉横幅"等只是众多家校沟通冲突中的个别特殊事件，但也是沟通不良实质情况的冰山一角。这里隐藏着更大沟通暗礁值得学校、教师、家长进行深入探究。共情策略或许是家长和教师、学校和家庭之间双向迈进的最好桥梁。通过共情，教师和家长能够互相帮助，共同谋划，形成教育合力，共同促进儿童的全面发展。

各位学员，我们一起聚焦"观察""工具""共情"三大视角，通过具体的案例剖析，去了解和把握如何做好家校沟通的策略，在情理相融的沟通机制下实现有效的家校共育。

在分工合作成为新时代协作主题、"人类命运共同体"思想逐渐深入人心的今天，作为教育两大支点的学校和家庭更应该成为"共同体"，彼此悦纳、包容、滋养，努力实现共生共长，协同育人。"只有学校教育而没有家庭教育，或只有家庭教育没有学校教育，都不利于完成培养人这一极其复杂的任务，最完美的教育应是两者的有机结合。"苏霍姆林斯基的观点无疑是对家校共育的最终目的——促进每一个孩子的成长和发展最好的注解。在立德树人新时代，我以为家校协同育人的最大公约数，就是要促进孩子的自我教育。从某种意义上讲，孩子的自我教育本身也是家庭教育、学校教育之外的一种路径。而这一命题的研究特别需要着力构建学校、家庭、社会三位一体的"融教育"格局，探索形成"同心、同步、同向"，"全员、全程、全方位"的"融教育"育人模式，激活家长教育热情，回归教育主体，共同建立智慧和谐的家校生态圈，让家校协同教育落地生根，实现效能最大化，策应新时代经济社会发展的新要求、新变化、新期待。

学后测评（多选题）

1.通过学习，我知道共情是（　　）。

A.心理学术语，又称同理心　　B.人本主义心理学创始人罗杰斯提出

C.理解别人感受和问题的能力　　D.换位思考

2.学会共情的前提是（　　）。

A.尊重　　　　B.接纳　　　　C.信任　　　　D.理解

3.家校共育的最大公约数是（　　）。

A.社会教育　　　　　　　　B.学校教育

C.家庭教育　　　　　　　　D.孩子自我教育

附　学后测评参考答案

第一讲

1.参考答案：（略）　2.C　3.C

第二讲

1.参考答案：

第一个层次：良好的夫妻关系——可以通过经营获得。

第二个层次：相互服务系统的建立——可以通过"循环机制"引导。

第三个层次：动力系统的建立——可以通过相互赏识获得。

2.参考答案：家庭的所有成员。因为家庭是一个系统，每个人都在系统之中。每一个环节的缺失，都可能导致某些成员的心态失衡，不利于家庭的和谐和发展。

3.参考答案：开放性问题，言之成立即可。有观点认为"秩序"有利于家长发展，有观点认为"平等"有利于家庭发展。关键是只要说出合适的道理，就可能有合理之处。因为每个家庭的具体情况不同，解决方式也可能不同。我们持开放态度。

第三讲

第一节

1.B

2.√

3.参考答案：首先家长要冷静，不要随便武断给出结论，马上批评、指责某一个孩子。家长可以在确定孩子看到自己后选择离开，并在一定距离范围内观察，不进行干涉（除非即将要发生危险事件）。

无论和某一方孩子谈话时都要先共情，共情的前提是接受、理解和尊重。共情就是要能换位思考，以最大的限度去理解尊重对方，用最接近孩子的视角去看世界。

共情四步骤：

1.看到/觉察并说出孩子的情绪（妈妈看出来，你现在很生气！）。

2.接受和允许孩子的情绪（如果妈妈遇到这样的事情，我也会生气的！）。

3.猜孩子的感受和愿望，启发孩子寻找解决方法（我们可以怎么做让自己的感受好起来？你希望……）。

4.安抚情绪，不参与事情。

第二节

1.参考答案：（略）

2.参考答案：在孩子小的时候，该父母陪伴的时候，没有陪伴，缺乏安全感，在弟弟面前没有威信，找不到在家里的价值感。调皮女生在该女孩生活中，有情绪支援网的作用，否则，孩子在家庭内、家庭外均找不到支持，可能会走极端。

第四讲

1.参考答案：常规是指日常行为中应该具有的行为基准。"应该"是其基本性质，是日常习惯的阶段代名词。它不是需要严格遵守的，而是需要反复训练的。规则是规定和调节相对而言严重的不当行为的，其目的是防止孩子的严重过失。一旦规则打破，就必须对其实行严厉的惩罚。所以，在规则制订之后，一定要附上比较详细的违反这一规则的相应惩罚措施。

2.参考答案：假设您的家庭规则有10条，最好不要10条一下子出炉。

您可以选择先出炉一、二两条。如果其中一条例如第2条得到了落实，就可以出炉第3条规则了。这样呈现在家庭成员面前的依然是两条，只不过变成了一、三两条。如此，按照节奏出炉，最后总数还是10条，但对于家庭成员的心理感受来说就是两条。从而容易在日常生活中落实，提升家庭教育的"育人"效果。

3.参考答案：

（1）情要定：无论发生怎样的情况，都要坚定地先稳定自己的情绪。

（2）规要宽：以宽松的少数要求，让少数的落实最终成为"多数"习惯的养成。

（3）则要严：规则一旦定下来，就要严格遵守，并附以相应的惩罚措施。

（4）行要对：根据孩子的性别和孩子不同的行为内容，确定父母的分工侧重。

第五讲

第一节

1.参考答案：家庭关系好了，孩子的归属感和价值感都能够得到很好的满足，孩子就会身心健康，就会"根正苗红"，就会有积极向上的动力。反之，则会问题重重。

2.参考答案：休闲背景、亲子二人"赤诚相见"的背景、孩子问起家长当年事的背景，等等。能说上两点即可。

3.参考答案：言之成理即可。

第二节

1.B

2.√

3.参考答案：一起承受困难。我们不会人为地去给孩子制造困难和挫折，但如果有的话，希望孩子能够自己去面对，不能人为地为他们铺平道路，让他们接触不到外界的风雨。比如出门，该走就得走，不要坐车；比如劳动，孩子能做的让他自己做，劳动只会锻炼人，不会害人。父亲们疼孩子的心是一样的，但一定要有一颗坚强的心，不放过任何一个可以锻炼孩子意志的机会。

第三节

1.ABCD

2.参考答案：（1）规则意识：父亲与子女之间的沟通方式应该是相对平等且较为宽松的，因为只有这样才有可能疏通出一条较为畅通的父子间的沟通渠道。与此同时，畅通的沟通渠道需要规则意识。建议针对孩子较为典型的言行过失运用父亲独特的"角色优势"去引领孩子改正，需要注意,训斥不等于谩骂，一般对孩子的教育不建议使用否定式的语句，不建议拿自己家孩子与别人家的孩子做比较，更不能对孩子放任不管等。

（2）榜样引领：对于孩子来说，父亲的榜样作用可以说是最佳的改变孩子的教科书。对于父亲来说，自己天生的优势便在于可以结合自己的实际体验给予孩子更多有技巧的教育方法。父亲可以结合自己的经历，要给孩子足够的时间去思考，引导孩子走出舒适圈，让孩子自己想出方法。

3.×

第四节

1.AB

2.×

3.参考答案：当孩子哪怕只有一点点进步时，父亲要不吝啬夸奖。不能因为工作繁忙不想说话，就过于敷衍夸奖孩子。父亲要学会将夸奖具体化（不吝啬夸奖）。同时，父亲要学会委婉地批评，耐心倾听孩子的心声，知道孩子想什么，帮助孩子找出问题，分析问题，从而改正错误，克服困难（要委婉批评）。

第六讲

1.D

2.（1）T （2）F （3）F （4）T

3.参考答案：（略）

4.参考答案：这种观点是正确的。因为只有经过劳动锻炼和体验的人，才会树立责任意识，才会通过劳动懂得感恩为自己劳动的人，才会更好地体会到父母亲人们的辛苦而知孝，才会懂得有些劳动的不易而激发向上的力量……养成孩子的劳动品质是家庭德育的首要（其他内容自由发挥，言之成理即可）。

第七讲

1.参考答案：父母创造一个安全温暖的家庭环境，让孩子在爱中成长；父母做孩子高效率的好榜样，让孩子崇拜你，愿意听你的引导；父母做到高效陪伴，如果孩子有不会的知识点，及时帮助孩子梳理知识点；保护孩子的好奇心和求知欲望，智慧地回答孩子的各种问题，甚至一起去探索；培养孩子良好的学习习惯，培养孩子的高效学习力。

2.参考答案：家庭环境和谐温馨；父母的教育是民主的；父母的榜样力量；父母亲对孩子学习的过程有正确的评价体系。

3.参考答案：首先肯定孩子把大部分知识学扎实了。同时跟孩子一起看看被扣的2分是什么情况，如果是孩子不会的，陪孩子一起学习，讲给他听，查资料都可以，目的是把它学会。如果是孩子粗心造成的，让他自己订正好，争取以后做对。

第八讲

1.参考答案：印记期，这个时期的特点是父母怎么说孩子就怎么做。因此，父母要学会说话，学会理解孩子说的话，给予孩子更多正面的信念价值观。

2.参考答案：模仿期，其特点是家长怎么做，孩子怎么做，因此家长要做好行为的楷模和榜样，表现出榜样的一面，谈话信息尽量正面，减少说教。

3.参考答案：青春期，这个时期的主要特点是家长怎么看，孩子怎么做。需要家长给予孩子足够尊重，及时肯定其行为，和孩子成为朋友。所以要求家长也要跟随着孩子成长的步伐，努力在人格上不断完善自己，不断拓展自己的认识，要给孩子当好"军师"，不要给孩子当"军长"。

4.参考答案：不管是多大的孩子，要对孩子的教育起到效果，在有良好亲子关系的前提下，首先必须在情绪上完全接纳，让孩子能够正常地释放、表达自己的情绪；其次要给孩子机会并且鼓励孩子慢慢把事件经过说出来；最后等到孩子已经心平气和之后再讨论对和错，帮助孩子改掉毛病。

5.参考答案：一件事情如果跟一个强烈的负面情绪建立联结，那么这件事情就会让孩子觉得恐怖、害怕或讨厌。这样，以后写作业时他都会有这种负面的情绪，慢慢地孩子就会变得厌学了。

第九讲

第一节

1.参考答案：能让孩子体验到愉悦的活动体验。

2.参考答案：希望的品质；意志的品质；目的的品质；能力的品质。

3.参考答案：青春期的一些行为表现：情绪波动大、行为易激怒、内在心智矛盾冲突等。

4.参考答案：构建自我形象；整明白"我是谁""我来自哪里""我要去哪里"；内外心理的统合性。

第二节

1.ABCD　2.A　3.AC

4.参考答案：（略）

5.ACD

第十讲

第一节

1.参考答案：长期的训练，孩子除了自己能吃好饭，还能培养出集中注意力、观察洞悉力以及感觉统合力。

2.参考答案：孩子通过操作类的体验活动，培养出集中注意力、观察洞悉力、阅读理解力、记忆想象力、思维创造力以及感觉统合力。

3.参考答案：孩子在群体中进行知识的互动与生成，发展出观察洞悉力、阅读理解力、思维创造力、语言表达力、运算逻辑力。

第二节

1.参考答案：第一种简单容易操作，培养了孩子的集中注意力和聆听的能力，但情感代入性不强；第二种有一定的难度，不太容易操作，培养了集中注意力、阅读理解力、记忆想象力，能够升华情感，但是需要父母有情感投入和一定的能力；第三种比较复杂，对父母和孩子都要求很高，长期训练，能培养孩子集中注意力、观察洞悉力、阅读理解力、记忆想象力、思维创造力，能综合提升孩子的学习能力。

2.参考答案：从画面中可以看到孩子尝试了多种色彩，有类似表示餐桌和试卷的图样，可以看到孩子对家庭、学习的理解。回应的时候，应该肯定孩子的专注投入，肯定孩子的创意和想法，整个画面的布局很合理，所以回应的时候可以这样："哇（表示惊讶和欣喜，让孩子有喜悦的体验感）！宝贝，我看到你很认真地画画（肯定孩子的付出和集中注意力），画面中有丰富的颜色（肯定孩子的童真色彩，良好的观察洞悉力），上面我还看到好像有一个分数（表达看见，但不说穿，让孩子有想象和发挥的空间），能分享给爸爸听你是怎么想的吗（培养语言表达、阅读理解能力、思维创造力和记忆想象力，升华孩子画画的情感）？"

第十一讲

1.参考答案：父母应该针对孩子的具体情况，和孩子一起共同确立明晰的目标。第一，这个目标应该是具体的；第二，这个目标应该是有挑战性的；第三，这个目标应该是有阶段性的；第四，这个目标应该是家庭目标的一部分。

2.参考答案：首先，必须充分了解孩子的兴趣爱好，利用日常生活的场景和机会，让孩子用自己学过的知识去实践，让他们明白知识是有趣的，学习知识是有用的。其次，当孩子学习有收获时，我们必须给予及时的表扬和肯定，并创造机会，比如让孩子当小老师、搞家庭小比拼，让孩子分享学习成果，使孩子体验到价值感、成就感，激发他们的自信心。最后，当孩子学习出现问题时，我们必须给予理解、宽容，并且进行热情的鼓励，特别是提供必要的帮助，保证孩子动力满满地走过学习的低谷。

3.参考答案："一个中心，四个基本点。""一个中心"就是以家长的陪伴和鼓励为中心；"四个基本点"即以温故知新为基本点，以探索新知识为基本点，以探索新知识的程式为基本点，以探索的新知识拓展为基本点。"一个中心"是孩子归属感和价值感的满足，是动力的根本；四个基本点是联结新旧知识，是懂得学习路径，是独立自主的摸索，是规律方法的提炼。

第十二讲

1.AD

2.参考答案：亲附行为是个体回到安全基地，增加安全感的行为；探索行为是个体离开安全基地，去外部世界探索，消耗安全感的行为；个体只有足够的安全感，才能表现出探索行为。

青少年学习的本质就是在知识或符号的海洋中遨游，需要不断消耗安全感，所以归入探索行为。

3.参考答案：情商低的孩子难以识别和管理自己的情绪，内在安全感易波动，破坏学习内驱力，且有限的时间和心理资源被浪费在低效的自我安抚上。

情商低的孩子难以识别他人的情绪，或者对他人情绪过度敏感，人际协调能力不佳，外在安全感易波动，破坏学习内驱力，且有限的时间和心理资源被浪费在外界冲突中。

情商低的孩子易对未来作悲观预测，自我激励能力差，内在及外在安全感不足，很多的内在冲突与纠结，有限的时间和心理资源用于低效地补充安全感，难以高效地发展探索行为——学习。

第十三讲

第一节

1.参考答案：特征因子和外部保护因子。经历了三个阶，两因子单独影响；两因子交互影响；特征因子的天然存在，外部因子激活。

2.ABCD

3.参考答案：安全、爱、归属、尊重、掌控、挑战、技能和价值。

4.参考答案：让孩子能够适度承受压力，并能从压力中获得力量，通过获得力量形成正反馈，不断提升承受压力的能力，孩子敢于接受挑战，赢得人生的新高度。

第二节

1.参考答案：挫折教育需要循循善诱，不能一蹴而就；培养耐挫水平给孩子充分心理准备。温暖陪伴、重要替代客体、积极认知转换、及时肯定。

2.A　C

3.ABCD

4.参考答案：我们的期望是什么？主要是让父母去思考对于培养孩子的一些品质，比如，期望孩子能有"抗逆力"。父母就需要从另一个角度去看待，比如当下孩子的自我独立能力有点偏弱。那我们自问，可以做些什么让孩子的独立能力提升，拥有高的"抗逆力"，然后在这个过程中，看到孩子的每一点进步要及时给予嘉许。

第十四讲

1.参考答案：孩子在同伴关系里缺乏独立性和自主性，这会让孩子特别依赖于同伴关系，有时会不加辨别地接受同伴的不良影响。

这种情况下，父母需要在和孩子相处的过程中，尽可能多地运用自己的力量，培养孩子自主思考和让孩子自己作决定。

亲子关系中的这种调整，是一种从垂直关系向水平关系的发展和锻炼。在和孩子的谈话中，父母可以有意识地使用一些句子，积极暗示相信孩子有能力为自己作出明智的决定。

因此，当我们内心对孩子要求的回应是"认同"时，我们可以构思一些陈述句来表达我们的观点，培养孩子的独立意识。下面有一些这样的表达方式：

"如果你想的话。"

"如果你真地希望。"

"你来决定这件事。"

"这完全是你的选择。"

"不管你作出什么决定，我都没问题。"

父母直接回答"同意"，可能会使孩子感到满足，但是以上的回应会给孩子额外的满意，因为他们自己作出了决定，他们会很高兴我们对他们的信任。

当父母内心对孩子要求的回应是"不认同"时，也可以构思一些设问句来听听孩子的想法，帮助孩子思考和梳理，下面有一些这样的表达方式：

"你有这样的想法，是出于什么样的考虑呢？"

"如果这样做，会产生什么样的结果？"

"除了这样做，还有别的方法吗？"

"不同的方法带来的结果是怎样的？"

"如果你的朋友这样做，你会怎么看？"

父母直接回答"不同意"，可能会使孩子感到被否定和不信任，但是以上的提问会给孩子多一些思考的角度，尊重孩子的独立自主，也最后帮他们梳理了思路，根据结果做出了自己的选择，尽管他们的方法未必一定能带来想要的结果，但是他们会很感激父母对他们的尊重和陪伴，也会在追求独立自主的同时，更加注重父母的建议和想法。

所有的父母都希望孩子能够成为一个有责任感的人。如果没有尊重，责任的教导会误入歧途。家务事、食物、家庭作业、零用钱、宠物、友谊，在这些领域，父母的指导是很重要的。孩子朝着独立的方向努力，我们的指导要想获得预期的效果，必须要对他们的努力保持敏感，表示理解。

2.参考答案：当孩子和某些"问题"孩子交往时，家长往往会感到担忧。很怕孩子受到同伴的负面影响，会想办法阻止或隔离。但是常见的现象就是，孩子如果认为父母过于干涉他们的行为，就越倾向于频繁地与那些有问题行为的同伴交往，进而会负面强化孩子问题行为的出现。因此，对父母来说，把握一个微妙的平衡是很重要的，既不要给孩子太大的自由，又不要太干涉他们的生活。禁止青少年同不良伙伴交往，很难真正奏效。事实上有研究表明，那些与父母关系不太好的青少年倾向于与问题的同伴交往。

除非和孩子的朋友接触了，否则父母无法影响孩子的友谊。父母可以邀请孩子带他们的朋友来家里，可以带熟悉孩子朋友的父母，可以观察不同朋友对自己的孩子造成的影响。

允许孩子为自己选择的朋友负责，同时我们也要承担责任确保他们的选择有益，这需要一个精密的体系来监督和平衡。

除非他们的行为真地让我们忧心如焚，否则在干涉孩子的选择前，最好还是先观察一下他们的偏好。在孩子有这类同伴的时候，家长也要保持同样的心态，加强亲子关系，注意亲子沟通的质量，和孩子的同伴成为朋友，也可以保持家长教养权威的方向。

第十五讲

第一节

1.ABCD

2.参考答案：家长和老师可以选择"同伴相处"这个观察角度。

家长视角，可以做如下观察：

观察点1：见到小伙伴，是否会主动打招呼。

观察点2：看到邻居小朋友有困难，是否会主动帮助。

观察点3：和小伙伴一起玩，是否很快领会同伴意图。

观察点4：能否用准确、简练的语言解释自己的行为，为自己辩解。

观察点5：是否有要好的同学经常联系，不在一起会时常想念。

观察点6：是否经常一个人呆着。

……

教师的视角，可以选择这样几个观察点：

观察点1：是否会使用礼貌语以及微笑、点头、挥手等体态语。

观察点2：是否乐意把自己的东西借给别人。

观察点3：是否经常发表自己的意见。

观察点4：小组合作时是否服从分配，乐于合作。

观察点5：是否能觉察同伴的情绪变化，善解人意。

观察点6：是否只要可能就尽量避开其他伙伴。

……

通过几个观察点的设立，我们可以简单从对待同伴的态度和对自己的认知两个方面来进行分析，深入探讨孩子与同伴交往中遇到的一些问题。

3.参考答案：确定孩子的问题后，本着促进孩子发展的态度，家长一边要积极跟老师同步商讨策略，一边要关注实施策略后孩子的表现。在此期间，与教师的配合是尊重而感恩，与孩子的沟通要耐心而信任。家长对自己也要特别有信心，相信你自己的改变会促进孩子的改变。

第二节

1.ABCD

2.参考答案：班级需要家长志愿者，家长应该积极参与。家长要根据班级所需，根据自己所长，尽量能够英雄有用武之地。如果担心精力和能力不够，可以几个家长一起承担一个岗位，轮流参与。为班级做点贡献，为孩子们做点事情，利大于弊。

3.参考答案：孩子听写连续几天不过关，内心着急甚至是生气都在情理之中。家长最好能第一时间跟老师取得联系，了解孩子在校情况，特别是情绪方面。同时也要跟老师汇报近段时间孩子在家的一些状况。如果还是不能发现根本原因的话，就要跟孩子好好沟通，了解孩子的内心想法和困难，帮助孩子调整学习状态，尽快走出低迷。

第三节

答案：1.ABCD 2.ABCD 3.ABCD

后记

心在哪里，路就在哪里

作为本书编后记的执笔代表，开始书写这些文字的时候，已是凌晨1：52。我不知道写完将是几时，但我知道我在用心去写它。

用心，也是在编写这本书和另外一本书（两本书：《家庭教育指导师培训课：从好家庭到好教育》《家庭教育指导师培训课：家庭教育，从成功到从容》）时我们最强烈的感受。这两本书的提纲形成，其实是三年前的事情了，而决定成书是今年才有的事情。这两三年里，汇智云亭教育研究院在四川、山东、江苏等地的项目合作单位进行实践，让实践的结果来检验这个提纲所列的内容以及所采取的排列顺序是否有效。

这两本书，正是实践有了好结果之后的产物。所以，笔者说，本书的编写是用心的，也希望这份用心能够让家庭教育之路走得更好。

让家庭教育之路走得更好是编写本书的愿望，也是汇智云亭教育研究院的初心所在。汇智云亭研究院在创办之初，就把自己的愿景定义为：成为中国教育健康与家庭健康的有力引领者。将自己的使命定义为：让你因我而走向远方。如此定义不是因为研究院本身有多大的梦想，而是因为研究院90余位研究员（含兼职）都曾有过一线经验，都有怀揣着浓浓的教育情怀，也默默地担负着自己的教育使命。因为有一线经验，所以看到了关于教育的很多"不健康"现象，所以就立志自己做。例如，这两本书的安排，开篇就是"家庭关系才是家庭教育的核心"。这应该是喊出了属于自我的家庭教育口号，这个道理虽则很多人知道，但总是处理不好，或者不自觉地把教育什么或者解决什么问题当作了家庭教育的重点。

研究院在自己关注的很多领域，例如学校发展与规划、教师培育与发展、心理健康与家庭、营地教育与游学等都有自己独到的见解和行事方式。所以，这是一个用心的团队，也是让我们看到路的团队，更是我们能够合作的原因所在。

特别要表达的是，这里笔者要代表所有编审人员对参与本书文字书写和视频录制的专家学者和家长们表示最崇高的敬意，因为您是用心人。说您用心，读者朋友自然能从文稿和视频中看到；但您在修改过程中的用心，读者朋友是感受不到的。因为我们邀约的写作人，都是在自己领域小有名气的人。让名人修改本就是难事，当然如果"枪毙"名人的文稿不用更是难事。由于编审人员的知识结构和教育视野所限，和作者的很多想法和表达方式可能对接不到位，所以就有了反反复复的修改，也会有不少朋友的稿子直接不用。有两位作者，让笔者特别感动：一位写了6个话题大约2.5万字，最终只选用了不到0.9万字；一位写了7.2万字，最终选用了0.7万字。这对于用心书写的朋友来说，是很大的不公平。但是，这两位老师，却在看到我们的审稿意见后留言说："谢谢，您的审稿意见让我看到了自己的局限，也开阔了思路。"作为编审人员，我们能说什么，只好说感谢。这是谦虚的姿态，更是一种容纳百川的气度。无论编审赞同或不赞同自己的文字，各位作者都深深地明白：编审如此严苛，初心肯定是为书稿的质量负责，为读者朋友负责；书的质量和对读者的责任，是任何一位出书人应有的基本道德底线。这份明白，让我们由衷致敬。

本书的出版，得到了诸多单位的大力支持；依据本书录制的家庭教育指导师培训课程，也得到了国家权威发证机构的认可，并愿意合作为家庭教育指导师的培养做出彼此应有的贡献。这也证明着，只要用心，总有很多条路铺开在我们的面前。

　　最后，对参与前期试验的合作单位、用心的作者表示最真挚的谢意。让我们一起用心，为家庭教育的健康发展探索出更好的路。

编著者

2022年4月

于汇智云亭教育研究院